L'EUROPE
APPROCHES GÉOPOLITIQUE
ET ÉCONOMIQUE

Questions contemporaines
Série « Les Jeudi's de L'Harmattan »
Dirigée par Bruno Péquignot

Les Éditions L'Harmattan, éditeur de Sciences Humaines depuis 1975 souhaitent, plus que jamais alimenter le débat, notamment en organisant chaque année Les jeudis de L'Harmattan.

Ces derniers, organisés en trois ou quatre sessions, consistent en une série de tables rondes sur des thèmes transversaux et interdisciplinaires, qui font l'objet de débats entre chercheurs et praticiens.

Ces rencontres cherchent à réunir des auteurs d'ouvrages importants, publiés ou non aux éditions L'Harmattan, et ainsi contribuer au débat nécessaire, non seulement à la recherche scientifique, mais aussi à la vie démocratique.

Cette nouvelle série de la collection « Questions contemporaines » accueillera la publication des interventions lors de ces tables rondes.

En 2017, le thème retenu était « l'Europe ». Quatre rencontres ont eu lieu autour des questions géopolitiques et économiques, qui font l'objet de ce premier tome, et autour des approches historiennes et philosophiques, qui sont réunies dans le deuxième volume de cette série.

En 2018, le thème retenu est « la mondialisation » et sera traité lors de trois rencontres, où l'on retrouvera les questions économiques et politiques, mais aussi historiennes et culturelles.

Le présent ouvrage est le premier à paraître
dans la série « Les Jeudi's de L'Harmattan »

Sous la direction de
Jean-Paul Chagnollaud
et Xavier Richet

L'Europe
Approches géopolitique
et économique

© L'Harmattan, 2018
5-7, rue de l'École-Polytechnique, 75005 Paris

http://www.editions-harmattan.fr

ISBN : 978-2-343-14091-9
EAN : 9782343140919

Introduction
Une Europe en crise, face à la mondialisation

On a coutume de dire que l'Europe est un géant économique et un nain politique. Un géant économique, certainement, mais qui s'est trouvé pris dans les rets de la récession induite par la crise des *subprimes*. La crise a mis à jour certaines faiblesses de l'édifice européen, notamment dans le domaine monétaire (la monnaie unique). Elle a sérieusement ébranlé les pays de l'Union, révélé des fractures importantes en termes de croissance, de résilience, fait ressortir de profondes divergences dans les rythmes d'intégration et de convergence le tout dans un contexte marqué par la victoire du Brexit et les fortes pressions du populisme dans plusieurs pays membres. Certes, il faut remonter plus loin pour comprendre la source des maux dont l'Europe est victime, qui tiennent à sa construction, à sa gouvernance, à son difficile arbitrage entre fédéralisme (ou confédéralisme ?) et souverainisme, à la trop forte hétérogénéité entre les différentes strates qui la compose suite aux phases successives d'élargissements (six au total à ce jour).

L'Europe, c'est aussi un géant contesté au niveau international. Première puissance économique mondiale en termes de population, une des toutes premières en termes de PIB, d'échanges, elle assiste plus ou moins passivement à la montée en puissance des pays émergents qui, après avoir attiré le capital vers eux développent à présent des politiques d'exportation parfois agressives facilitées par les réglementations très libérales des échanges érigées par l'UE.

C'est autour de ces deux thèmes que les participants à ce panel économique sont intervenus : L'Europe en crise, L'Europe et le monde.

La crise née des *subprimes*, en 2007-2008, a induit des effets collatéraux désastreux sur l'Europe déclenchant rapidement une profonde et longue récession dont elle vient tout juste de sortir. Cette crise a mis à jour un certain nombre de dysfonctionnements institutionnels eux-mêmes renvoyant aux compromis sur lesquels repose la construction de l'Europe à ses différentes étapes : taille du budget communautaire, politiques d'élargissement et de convergences, la monnaie unique pour des pays aux structures et niveaux de développements différents. Des politiques budgétaires autonomes entraînant d'importantes divergences en termes de fiscalité ont alimenté le dumping social entre les pays de l'Union entretenu par les derniers arrivés. Est-on passé près d'un blocage des institutions ? Une éventuelle victoire des populismes annonçait-elle un détricotage institutionnel (relâchement des règles concernant les niveaux des déficits budgétaires et du niveau de la dette, passage de la monnaie unique à la monnaie commune ?) conduisant à terme à l'éclatement de l'Europe ? Ces différents scénarios sont envisagés en particulier celui d'un « saut fédéraliste » à la suite des résultats de l'élection présidentielle française.

L'Europe a-t-elle à craindre de la montée en puissance des émergents ? Ceux-ci sont-ils capables de venir la concurrencer dans des domaines où elle possède un avantage comparatif certain ? Le rachat par la Chine d'actifs stratégiques en Allemagne, les prises de participation dans des industries sensibles soulèvent le problème de la protection, sélective ou non, du marché européen. Le dumping social n'a pas de frontière et n'est pas seulement limité à l'Europe. La production massive à bas coûts de biens de consommation produits au sud et à l'est qui entrent en Europe élargit peut-être le choix des consommateurs, ils constituent également une pression à la baisse sur les salaires des travailleurs européens.

Aujourd'hui, ce sont des biens à plus haute valeur ajoutée qui proviennent de ces régions et qui menacent les emplois qualifiés.

L'Europe en a-t-elle tiré les leçons ? Comment combiner à la fois coopération avec le sud et compétition provenant des émergents. Effets pervers de la mondialisation : comment se protéger face à la montée des émergents dont les productions montent aujourd'hui en gamme et deviennent de plus en plus compétitives, comment l'Europe peut-elle se positionner face au basculement de la croissance vers l'Asie ?

Plus prêt, quel contenu donner aux politiques de voisinage, en particulier vis-à-vis de la Russie, avec des sanctions aux effets limités, d'un côté face à une politique ambiguë et partagée de la Russie tentée par une politique eurasiatique en résonnance aux stratégies chinoises en œuvre en Asie centrale.

L'Europe et le sud

C'était en novembre 1995 et donc... au siècle dernier. Autant dire une autre époque. Une conférence internationale se tenait à Barcelone en présence des chefs d'État ou de gouvernement de l'Union européenne et de dix pays riverains de la Méditerranée avec aussi des centaines de personnes représentant les «sociétés civiles».

L'objectif était ambitieux : penser et organiser les relations entre le Nord et le Sud de la Méditerranée pour faire de cette vaste région *«un espace de paix, de sécurité et de prospérité partagée»* pour reprendre les termes de la Déclaration publiée à l'issue des travaux. Bien sûr les arrières-pensées des uns et des autres étaient multiples; chaque État participait à ce conclave en fonction de ses intérêts immédiats et de ses objectifs à court terme. Mais malgré ces inévitables calculs politiques la tenue d'une telle conférence était en soi une belle avancée... La preuve en est qu'il n'a plus jamais été possible d'en réunir une autre de même envergure ! Même la conférence de Paris, en juillet 2008, créant l'Union pour la Méditerranée n'en a été qu'une pâle réplique. D'autant que l'UpM ne pouvait que s'écrouler sous son propre poids puisque tout doit y être décidé par consensus entre ... 43 États même si, malgré tout, son secrétariat (installé à Barcelone) a réussi à mener à bien quelques projets sectoriels

22 ans après que reste-t-il de Barcelone et des innombrables initiatives qui ont été prises pour tenter d'en réaliser les objectifs? C'est principalement à cette question que trois spécialistes engagés appartenant à trois pays différents (Algérie, France, Portugal) tentent de répondre à partir de leurs propres expériences personnelles et professionnelles. Si leurs approches sont contrastées, il se rejoignent sur le constat du bilan de toutes ces années de partenariat puis de politique de voisinage entre le Nord et le Sud : au mieux, il est mitigé et, au pire, accablant. Ils montrent très bien à quel point tout est lié et qu'en définitive les responsabilités de cet échec sont largement partagées, pour des raisons bien différentes, par les responsables politiques du Nord et du Sud

Patrick Renauld qui fut ambassadeur de l'UE au Proche-Orient et notamment au Liban insiste beaucoup, de manière saisissante, sur la sémantique politique. Sur le fait que les mots n'ont pas le même sens des deux côtés de la Méditerranée d'autant qu'ils sont appréciés au Sud en fonction de la façon dont ils sont mis en pratique au Nord. Et c'est une belle leçon de réalisme. Ainsi quand l'ambassadeur évoque les valeurs de la démocratie devant ses interlocuteurs, ceux-ci lui rappellent que les Européens ne s'en préoccupent guère au-delà de leurs propres frontières... Et que, pour eux, les mots qui ont vraiment du sens sont dignité et justice.

Alvaro Vasconcelos, ancien directeur de l'Institut d'études de sécurité de l'Union européenne, insiste sur le fait que les Européens sont, depuis des années, focalisés sur une approche marquée par la crainte de l'islamisme et, plus insidieusement, de l'islam. Il déplore aussi que la rhétorique anti-immigrés ait pénétré les idéologies de nombreux partis politiques européens comme le Front national en France et beaucoup d'autres à des degrés divers. Le résultat de ces postures est *«la banalisation de la pensée xénophobe»* en Europe. Et du coup explique-t-il : «Aujourd'hui, la tentation en Europe est le retour *à* l'ancienne politique de soutien aux régimes dictatoriaux» car on les voit d'abord comme des alliés contre les islamistes.

Dans de telles configurations, on voit à quel point les objectifs de la Déclaration de Barcelone ont été oubliés. Pour avoir participé, comme observateur, à cette grande conférence je sais que, depuis le début, ils avaient bien peu de chances d'être atteints.Outre les arrières-pensées de chacun précédemment évoquées, il y avait une belle illusion portée par le climat international de ces premières années de la période post-guerre froide (le mur de Berlin tombe en 1989 et l'Union soviétique disparait en 1991). Et, en Méditerranée, venait de se produire (en septembre 1993) un événement qui semblait décisif : la signature des accords d'Oslo entre Israéliens et Palestiniens. En novembre 1995, on pouvait encore croire à ce processus de paix inédit et donc rêver d'une Méditerranée devenant un espace de paix et de prospérité. Sauf que les bons observateurs avaient déjà compris que l'assassinat de Yitzhak Rabin, Premier ministre d'Israël, quelques jours avant l'ouverture de la Conférence de Barcelone risquait de tout compromettre... Et c'est bien ce qui s'est passé : le conflit israélo-palestinien violemment réactivé à partir de

2001 a contribué à rendre très difficile un véritable dialogue Nord-Sud.

Comme le Moyen-Orient est entré depuis des années dans un cycle de tragédies et de déchirements apparemment sans fin, la tentation est forte de ramener la politique méditerranéenne de l'UE à une relation centrée sur le Maghreb. C'est ce que suggère Nadji Safir, sociologue algérien qui connait parfaitement cette région. Pour lui une nouvelle politique européenne pour le Maghreb est nécessaire et devrait se fonder sur quatre priorités: le soutien à la démocratisation de la Tunisie, la paix en Libye, le renforcement de la coopération économique et la sécurité avec les trois pays du Maghreb central et le changement de la politique migratoire de l'Union.

Si cette option est très pertinente d'autant qu'elle a le mérite d'être réaliste, elle ne doit pas empêcher une réflexion plus vaste sur l'avenir des relations entre l'UE et la Méditerranée. Et c'est d'ailleurs ce qui est aussi proposé puisque dans ses priorités, il fait référence à la nécessité de concevoir une autre politique migratoire européenne. Ce qui est sans doute aujourd'hui la question la plus difficile et la plus importante puisque d'une certaine manière elle affecte ou conditionne presque toutes les autres...

On l'aura compris, ces textes, particulièrement stimulants, apportent une précieuse contribution à l'indispensable refonte des politiques méditerranéennes de l'Europe.

La Tunisie notre frontière

Álvaro Vasconcelos[*]

Les révolutions démocratiques de 2011 dans le Sud de la Méditerranée, que j'appelais vague démocratique arabe, ont échoué partout, à l'exception de la Tunisie.

Mais est-ce que l'esprit qui soufflait, alors, du Maroc au Yémen, a disparu ?

Est-ce que l'exigence de la dignité et de la liberté qui a soufflé de Tunis à Tahir, d'Alep à Benghazi a été remplacée par la nostalgie des anciens régimes nationalistes arabes et le soutien aux dictatures au nom de la « stabilité »?

Est-ce que, l'Union européenne, ne peut que regarder des régimes autoritaires comme des alliés contre une menace plus grande, celle de l'islam politique dans ses aspects les plus violents, ses aspects djihadistes ? Autrement dit, l'UE devrait-elle revenir à la politique d'avant le « printemps arabe »?

La réponse à ces questions devient plus difficile, principalement parce que la politique méditerranéenne de l'UE est non seulement une question de politique étrangère, mais aussi, et dans une large mesure, une question de politique interne.

Les acteurs de la scène politique méditerranéenne sont regardés, dans la plupart des États membres de l'Union européenne, sous l'angle des fractures européennes sur l'immigration ; et les relations avec les communautés musulmanes sont marquées par la crainte de l'Islam en général et des partis islamistes, en particulier, pour la simple raison que l'on refuse à l'homme musulman toute

---

[*] Chercheur associé senior, Arab Reform Initiative

autre identité que l'identité religieuse. Comme l'à écrit Amartya Sen: « *L'Humanité que nous avons en partage est brutalement remise en cause dès lors que nos différences se trouvent réduites à un système concerté de catégorisations univoques* »[1].

Une autre politique est possible et, même, nécessaire, libérée des fantômes européens. Une politique capable de donner la priorité à la consolidation de la transition démocratique tunisienne, à la stabilisation de la Libye et à la coopération maghrébine.

Dépasser la question islamiste

La principale difficulté d'une politique méditerranéenne cohérente et efficace de l'Union découle du fait que les politiques intérieures de plusieurs de ses États membres ont été dominées par le discours « anti-immigrés », en particulier les immigrés des pays du Sud de la Méditerranée, ainsi que par la peur de l'Islam politique.

L'émergence de la question de l'émigration dans le débat européen date des années 80, bien avant la crise économique provoquée par la Grande Dépression de 2008. En effet, les courants xénophobes anti-émigrés sont apparus dans les années de croissance économique en Europe. Au cours de cette période, se sont popularisées des théories xénophobes d'inspiration démographique, selon lesquelles, les différences de taux de fécondité entre les Européens et les Africains du Nord provoqueraient une invasion de l'Europe riche par les pauvres du Sud.

La rhétorique anti-immigrés est entrée dans la rhétorique du Front national et d'autres partis d'extrême droite, trop tôt. En 1992, deux ans avant que Huntington ne publie sa théorie du choc des civilisations, un dirigeant du Front National a affirmé que l'identité culturelle de la

---

[1] Amartya Sen, Identité et Violence ,Paris:Odile Jacob, 2006

nation française est menacée parce qu'elle s'avère « incompatible avec la culture musulmane et africaine des nouveaux immigrés, une incompatibilité que renforce l'utopie politique d'intégration et d'instauration d'une société pluriculturelle que professe le milieu médiatico-politique »[2]. Nous étions, encore à neuf ans du 11 septembre, mais la banalisation de la pensée xénophobe (anti-immigration musulmane) avait commencé, déjà, à faire son chemin.

Cependant, ce qui paralyse vraiment la capacité de l'Union européenne à élaborer une politique cohérente en Méditerranée, c'est la combinaison des craintes collectives des immigrés musulmans, et sa manipulation par des dirigeants politiques, en particulier, après le 11 septembre. Beaucoup en Europe, y compris les dirigeants politiques insoupçonnés, ont vu dans la théorie du choc des civilisations de 1993, de Samuel Huntington, la confirmation de leurs propres convictions. Plusieurs États ont commencé à inclure la migration comme une menace dans leurs doctrines de sécurité.

La crise des réfugiés de 2015 a vu refaire surface tous les sentiments xénophobes et anti-immigrés. Avec un débat sémantique révélateur. Un débat sémantique similaire, dans les années 80, avait été analysé par Simone Bonnafous, dans un livre intitulé *« Les mots de l'immigration »*[3], qui met l'accent sur *« la mise en relation des deux termes a été au cœur du discours de nombreux médias et politiques depuis le début des années 1990 pour décrédibiliser tous les demandeurs d'asile comme étant des fraudeurs, les migrants économiques déguisés en*

---

[2] Jean-Claude Bardet, colloque Immigration : les solution, 16 novembre 1991
[3] Simone Bonnafous, « Immigrés » et « immigration » dans la presse française de 1974 à 1984. Analyse de discours, Thèse de doctorat d'État, Université de Paris IV, 1990

réfugiés »[4], apareceu a expressão (« *faux réfugié »*) ou en Allemagne « *Armutsfluchtlinge* » (« *réfugiés économiques »).*[5]

En 2014, une étude réalisée par une institution anglaise a montré une énorme différence dans les attitudes entre les États de l'Union sur l'immigration. 43 % des personnes interrogées au Royaume-Uni ont considéré le contrôle de l'immigration comme étant l'une de leurs trois principales préoccupations, contre 1 % au Brésil, 22 % en Allemagne et 11 % en Espagne.

Pour l'Union européenne, l'immigration et les réfugiés sont devenus la première priorité en matière de politique étrangère, comme le montre l'accord signé, en mars 2016, avec la Turquie, dans le but de garantir le retour en Turquie des réfugiés arrivés dans des pays membres de l'UE. L'Union européenne a inclus dans les accords de partenariat avec les pays tiers, y compris les pays du Maghreb, une clause de conditionnalité pour assurer le contrôle de l'émigration, qui lui a valu les critiques les plus diverses des organisations des droits de l'homme comme Human Rights Watch[6].

Il y a une question islamique en Europe, comme il existait une question juive avant la guerre ; à ce propos, Jean-Paul Sartre avait écrit : « *ainsi le juif est en situation de juif parce qu'il vit au sein d'une collectivité qui le tient pour juif. Il a des ennemis passionnés et des défenseurs sans passion.* » [7]

L'islamophobie est aujourd'hui la principale menace pour la démocratie européenne, pleinement ancrée dans une idéologie de droite, dont l'ombre plane sur l'Europe,

---

[4] http://mouvements.info/la-politique-europeenne-contre-les-migrants/
[5] http://mouvements.info/la-politique-europeenne-contre-les-migrants/
[6] https://www.hrw.org/fr/world-report/2017/country-chapters/298176
[7] Jean Paul Sartre, Réflexion sur la question juive, 1946 Paris : Gallimard folio essais, 2011

même en Allemagne comme l'a indiqué, avec une grande cohérence, Angela Merkel.

Il ne faut pas oublier la poussée de l'extrême droite dans les élections au Parlement européen de 2014 et ses victoires dans ces élections en France et au Danemark.

Le discours xénophobe, en l'occurrence anti-musulman, a été banalisé. Les partis de l'establishment ont incorporé dans leur discours plusieurs des thèmes de la rhétorique de l'extrême droite, notamment, sur l'identité, l'émigration et les réfugiés.

On peut aussi témoigner de la réaction, presque passive, aux graves atteintes aux valeurs sur lesquelles l'Union européenne est fondée, perpétrées dans certains de ses États membres comme la Hongrie et la Pologne.

En France, au cours des dernières années, la banalisation de l'islamophobie a été particulièrement grave. Dans la dernière décennie on a assisté au déferlement d'un débat pourri sur l'identité, soi-disant menacée par les musulmans ; débat aggravé pour un certain nombre d'attaques terroristes graves. Nicolas Sarkozy a tenté de prendre les votes de la droite avec un discours identitaire et sécuritaire. Ce même discours a été utilisé par le premier ministre socialiste, Manuel Valls, avec ses déclarations sur l'islamo-fascisme, et par François Hollande, avec ses propositions de retirer la nationalité aux citoyens binationaux accusés d'actes terroristes.

Le débat français sur l'identité, la perception que les musulmans en sont visés, ainsi que l'attitude envers les réfugiés, ont eu un impact énorme dans le sud de la Méditerranée, en particulier au Maghreb, compte tenu de l'importance des relations de la France avec les pays de cette région.

La France est ainsi le théâtre de l'affrontement entre les partisans des valeurs de la Révolution française et le nihilisme nationaliste, ce qui était déjà la question centrale de l'affaire Dreyfus.

Il convient de noter qu'Emmanuel Macron a remporté l'élection présidentielle, en faisant une campagne anti-xénophobe, ou comme il disait progressiste, réaffirmant les valeurs de liberté, d'égalité et de fraternité, en rejetant le nationalisme et en refusant la tentation d'assumer les thèmes du Front National.

La défaite du Front National en France et la victoire d'un candidat qui a dénoncé la banalisation de l'islamophobie ont créé des conditions favorables pour repenser la politique méditerranéenne de l'Union européenne et de la France.

L'échec de la politique méditerranéenne de l'Union européenne

Si nous ne pouvons pas parler aujourd'hui d'une politique européenne pour faire face aux défis politiques et de sécurité de la Méditerranée du sud, nous pouvons au moins parler de la politique des États membres et d'un certain nombre d'initiatives de l'UE qui prolongent celles des années quatre-vingt et quatre-vingt-dix.

L'Union à toujours affirmé son ambition de jouer un rôle central dans la résolution des graves problèmes auxquels sont confrontés les pays du sud de la Méditerranée.

La première l'initiative importante a été la Déclaration de Venise de 1980, dans laquelle les neuf États de la Communauté européenne a déclaré qu'eu « égard aux liens traditionnels et aux intérêts communs qui unissent l'Europe au Moyen-Orient, les neuf États membres de l'Union européenne se doivent de jouer un rôle particulier dans la région et d'œuvrer de façon plus concrète en faveur de la paix ».

Mais la question palestinienne, centrale dans le contexte de la politique internationale, a progressivement été marginalisée par la montée d'autres préoccupations, notamment en France, l'évolution politique du Maghreb et les difficultés économiques occasionnées par la perspective de l'adhésion du Portugal et de l'Espagne à la Communauté européenne. C'est dans ce contexte qu'en 1983, François Mitterrand a lancé une initiative de coopération en Méditerranée occidentale, définie, avant tout, comme une initiative de coopération économique et commerciale.

Les bouleversements sociaux de 1988 en Algérie et au Maroc, ont été une démonstration claire de la nécessité d'une alternative politique aux partis au pouvoir, et la validité de l'analyse Mitterrand sur la situation explosive au Maghreb. La chute du mur de Berlin, l'année suivante, est venue, encore, mettre de la pression sur les régimes despotiques et de mettre à l'ordre du jour, la question d'une solution démocratique aux revendications sociales et politiques. L'ouverture politique en Algérie, qui a suivi les bouleversements sociaux de 1988 était la première tentative de joindre, à l'émancipation coloniale, l'émancipation démocratique.

La victoire du FIS, en 1990, dans des élections municipales et dans le premier tour des élections législatives algériennes de 1991, a été la démonstration que les courants nationalistes arabes ne sont plus en mesure de répondre aux [nouvelles] demandes sociales et politiques des citoyens des pays du Sud de la méditerranée. Les islamistes ont pu revendiquer être la véritable alternative. Le coup d'État militaire en Algérie, qui a mis fin au processus électoral, et la répression sanglante des islamistes ont plongé l'Algérie dans une guerre civile qui a fait plus de 200.000 morts et a fait échouer l'ouverture démocratique.

La réaction européenne au coup d'État militaire, considéré comme un moindre mal par le gouvernement français de François Mitterrand, a fait naître un dilemme éthique que les politiciens européens ont réglé avec la formule *« mieux avoir la stabilité autoritaire que l'alternative islamiste »*. L'éradication des islamistes, même par les moyens les plus violents, est parvenue à être acceptée par les secteurs influents de l'opinion politique et intellectuelle au nom de la défense de la laïcité, une valeur qui s'est imposée dans le débat sur l'islam et les musulmans en Europe.

On peut dire que de nombreux dirigeants politiques européens étaient les meilleurs disciples de la théorie du choc des civilisations de Samuel Huntington, prisme à travers lequel de nombreux dirigeants européens se sont mis à utiliser pour analyser leurs relations avec l'islam politique, qu'il soit radical ou non. Comme l'a écrit Edward Said, ce n'était pas un choc des civilisations, mais un choc de l'ignorance : *« En réalité, Huntington est un idéologue, quelqu'un qui veut faire des "civilisations" et des "identités" ce qu'elles ne sont pas : des entités fermées, hermétiques, purgées des multiples courants et contre-courants qui animent l'histoire humaine »*[8] et comme l'avait écrit Averroes : *« L'ignorance mène à la peur, la peur mène à la haine et la haine conduit à la violence. Voilà l'équation. »*

Cependant, dans les années 90 avec l'effondrement de l'Union soviétique, la conviction était que la question de la démocratisation des pays méditerranéens du sud était, tôt ou tard, inévitable et qu'il fallait, en même temps, trouver des réponses aux graves problèmes sociaux de la région.

---

[8] Edward W. Said , "The Clash of Ignorance". The Nation, 22 octobre 2001, dans la traduction française de Françoise Cartano, https://nawaat.org/portail/2005/02/02/le-choc-de-lignorance/

En 1995, avec le lancement du partenariat euro-méditerranéen à Barcelone, dans l'élan crée par le processus de paix israélo-palestinien, les pays de l'UE ont proposé de construire un espace de paix, de codéveloppement et l'introduction à terme de *« l'état de droit et la démocratie dans leur système politique »*, l'objectif qui a été vite oublié par la majorité des signataires.

La Commission européenne, encore un acteur important dans les années 90, il faut le dire, a cherché à faire avancer les réformes politiques et économiques, en se référant à la méthode de l'intégration européenne — qui a été réaffirmée avec le lancement de la politique de voisinage en 2003 — qui a proposé, aux pays voisins, l'accès à toutes les libertés de l'espace économique européen, qui comprenait la liberté de mouvement. En même temps, la Commission a apporté un soutien financier à la société civile dans les pays du Sud et à la création d'une multitude de réseaux euro-méditerranéens.

En 2005, un sommet euro-méditerranéen a été convoqué, à Barcelone, pour relancer le partenariat euro-méditerranéen, mais en l'absence des chefs d'État du Sud, force est de constater que le partenariat était gravement malade et que l'ambition de la politique de voisinage n'a pas beaucoup de crédibilité, à un moment où les politiques anti-immigrés sont devenues l'objectif central de la coopération euro-méditerranéenne. Deux ans plus tard, le président français Nicolas Sarkozy, avec le lancement de l'Union pour la Méditerranée, coprésidée par lui-même et le président égyptien Moubarak a donné le coup fatal au partenariat. Avec l'abandon de la méthode communautaire, l'initiative a perdu sa raison d'être.

Les révolutions de 2011 ont confirmé que les islamistes étaient l'alternative, comme ils l'avaient été en 1991, en Algérie.

L'Union n'a pas été prête à soutenir, d'une façon cohérente et efficace, les révolutions démocratiques et à influencer la direction du changement. La question islamique européenne a paralysé la capacité des Européens à dialoguer avec les partis islamistes qu'ils ne connaissaient pas et dont ils se méfiaient.[9] Les quelques initiatives européennes telles que celles lancées par la Finlande et l'Institut d'Études de Sécurité de l'Union européenne ont fait face à une énorme résistance en particulier dans les États de l'Europe centrale.

Six ans plus tard, devant le chaos, la guerre au Moyen-Orient et l'impact qu'ils ont eu en Europe, notamment avec les actes terroristes, certains considèrent qu'ils ont eu raison de soutenir les leaders nationalistes arabes contre les islamistes et ont vite oublié leurs autocritiques de 2011, de ne pas avoir été capables de prévoir les aspirations à la liberté, à la justice et à la dignité des citoyens du sud.

Aujourd'hui, la tentation en Europe est le retour à l'ancienne politique de soutien aux régimes dictatoriaux, d'avoir comme priorité « la stabilité », de voir dans les dirigeants autoritaires des alliés contre les islamistes qui continuent à être définis, dans la plupart des États membres, comme une menace. Il convient de rappeler, par exemple, la réaction au coup d'État militaire en Égypte.

L'échec des Frères musulmans en Égypte n'a pas été considéré comme une tragédie, mais comme la moins mauvaise des solutions, un symptôme de l'ignorance et de la méfiance envers les islamistes égyptiens. L'Union européenne, il est vrai, a condamné les violations des droits de l'homme en Égypte, y compris le massacre de Rabaa, mais a légitimé le résultat des élections législatives

---

[9] V. Álvaro Vasconcelos, La Vague démocratique arabe, L'Europe et la question islamiste, Paris : L'Harmattan, 2014

de 2014 et a accepté le soi-disant « *plan de transition vers la démocratie* » du pouvoir militaire.[10]

La stratégie globale adoptée par l'Union en 2016 semble confirmer cette évolution, considérant que « *la résilience des États et des sociétés constitue pour nous une priorité stratégique dans notre voisinage.* »[11]

Pour atteindre cet objectif, l'Union a proposé de « *mettre en œuvre des accords d'association, en vue, notamment, de la création de zones de libre-échange approfondi et complet (ZLEAC)*[12] », pas très différents de ce que l'UE avait proposé, sous différentes formes, depuis les années 90, et qui jusqu'à ce jour, n'ont pas été un facteur de stabilité ou de progrès social.

Quel est le bilan de cette longue saga des relations euro-méditerranéennes ? D'abord le changement profond dans les ambitions de l'Union européenne et ses États membres, depuis 1995. Les objectifs de la déclaration de Barcelone ont été remplacés par l'obsession de l'immigration et les exigences du marché ; et la paix a été oubliée, devant l'incapacité de l'Union à peser sur les crises régionales.

La question palestinienne, centrale dans le discours de l'Europe dans les années 90, a été progressivement noyée et même réduite au silence dans le cadre du Quartette qui est devenu de plus en plus dépendant de la volonté américaine.

Ce qui reste comme acquis important, ce sont les nombreux réseaux méditerranéens, y compris de la société civile dans les domaines les plus divers, allant des droits de l'homme aux questions sociales les plus différentes,

---

[10] Álvaro Vasconcelos, *The EU and Egypt, Repeating Past Mistakes?* ARI, May, 2017
[11] https://europa.eu/globalstrategy/sites/globalstrategy/files/pages/files/eugs_fr_version_0.pdf
[12] Ibid

comme les droits des femmes, les questions de développement économique et la politique internationale. Et c'est avec ces réseaux qu'il est possible de bâtir une nouvelle politique européenne, plus cohérente avec ses valeurs fondatrices.

Cette politique devrait combiner un engagement multilatéral pour résoudre les guerres en Syrie, en Irak et en Libye, avec beaucoup d'attention, et l'engagement à la consolidation du processus démocratique en Tunisie, ainsi que la création d'une zone de coopération au Maghreb, comme une étape pour un Euro-Maghreb.

Le Maghreb central comme une priorité

L'Union européenne et ses États membres ne sont pas des acteurs majeurs dans les guerres au Moyen-Orient, mais ont une influence significative dans le Maghreb, par la dimension des relations économiques et culturelles, de la France, en particulier, mais aussi de l'Espagne et de l'Italie et dans une moindre mesure le Portugal, avec ses voisins de la Méditerranée occidentale.

Les guerres du Moyen-Orient ont contaminé le Maghreb de l'Est avec la désintégration de la Libye, qui reste un État défaillant.

La frontière de la Tunisie avec la Libye est la frontière des guerres du Moyen-Orient. Au Moyen-Orient émietté, avec la Syrie transformée en enfer de la Terre, avec la désintégration de l'Irak, avec l'Égypte au bord de l'implosion sous la botte brutale du général Sissi, et avec la Libye des mille milices, y compris le Daesh, la Tunisie démocratique est un rempart fragile contre la contamination par la guerre du Maghreb.

Si le Maghreb central a échappé, jusqu'à aujourd'hui, à la désintégration de la Méditerranée du sud, il est toujours traversé par des problèmes sociaux et politiques graves qui ont conduit aux révolutions de 2011 et qu'il avait déjà connus dans les années 80. Des problèmes qui se caractérisent par de graves déséquilibres sociaux et régionaux, ainsi qu'un chômage massif des jeunes avec des taux qui atteignent, selon la Banque mondiale[13], 26.6 % en Algérie, 20,6 % au Maroc et 35,5 % en Tunisie (données 2016) ; avec la circonstance aggravante en Tunisie où les chiffres ont empiré, contrairement à ce qui est arrivé dans les deux autres pays. Le chômage affecte gravement les jeunes diplômés universitaires — 30 % au Maroc, 30,5 % en Tunisie et 22 % en Algérie[14] (données 2015) — ce qui crée chez ces diplômés une insatisfaction profonde des pouvoirs surtout que l'Europe, leur ferme aussi ses portes.

Six ans après les révolutions, le mécontentement social persiste encore en Tunisie, au Maroc et en Algérie, avec des protestations constantes, et des milliers de manifestations et des sit-in par an, en Tunisie et au Maroc. En Tunisie, la menace que les manifestations font peser sur le pouvoir démocratique a conduit le gouvernement à envoyer des forces armées pour protéger les installations des compagnies d'extraction de phosphate, et d'exploration de pétrole et de gaz, dans le Sud en mai 2017. Au Maroc, dans la région de Rif, la province d'Al-Hoceima est le théâtre continu de manifestations, à la suite de la mort d'un vendeur de poisson en octobre de 2016 ; vague de protestation comparable à celles des années 80.

Les problèmes sociaux sont aggravés par les tensions entre le Maroc et l'Algérie, qui paralysent toutes les formes de coopération inter-magrebine, levier indispensable à la paix dans la région et condition essentielle pour le progrès économique et social.

---

[13]http://data.worldbank.org/indicator/SL.UEM.1524.ZS
[14]http://file.scirp.org/pdf/JSS_2015111115084869.pdf

Dans ce contexte, l'Union du Maghreb arabe, fondée en 1989, à Marrakech, dans la foulée des espoirs de l'époque reste paralysée et une coquille vide.

Un contentieux lourd continue d'envenimer la relation entre le Maroc et L'Algérie, les deux pays les plus peuplés de la région ; un conflit qui a son épicentre dans la question du Sahara Occidental et les manipulations soupçonnées d'actes de terrorisme qui ont conduit à la fermeture de la frontière commune en 1994, soit 23 ans déjà.

Les coûts du non-Maghreb sont énormes sur les plans politique, économique et sécuritaire. Les frontières des pays du Maghreb font face à des sérieux problèmes de sécurité régionale, avec un impact sur tous les pays de la région mais aussi sur l'Union européenne. Par les frontières mal maitrisées, parfois intentionnellement, fleurit le trafic illicite, notamment des armes, des drogues et autres formes de trafic illégal, des conditions favorables à l'expansion et à la liberté d'action des groupes djihadistes, avec les conséquences qui en résultent pour la sécurité.

Le trafic de cocaïne en provenance d'Amérique du Sud à travers la côte ouest de l'Afrique et le Maghreb, ou le trafic inter-maghrébin, y compris celui des armes, se développent également dans un contexte de méfiance et de rivalité inter-maghrébines.

La désintégration de la Libye a aggravé la situation et facilité le trafic d'armes, qui est devenu incontrôlable et source de fourniture d'armement pour tous les extrémistes, créant une situation très grave à la frontière sud des pays du Maghreb limitrophes des régions du Sahara et du Sahel.

Les conséquences les plus évidentes de cette dérive de violence ont eu lieu en 2012, avec le contrôle du nord du Mali par des groupes djihadistes islamistes radicaux alliés avec Al-Qaïda au Maghreb arabe (AQMI). L'AQMI, qui a émergé dans les années 90, avec la guerre civile algérienne, est le groupe le plus important du Jihad opérant dans le Maghreb. Il fait partie d'un réseau jihadiste avec une capacité de s'unir parfois, comme c'était le cas au Mali.

Dans l'absence de capacité régionale pour faire face à l'effondrement du Mali, la réponse a été trouvée, tant mal que bien, dans l'intervention militaire de la France avec l'opération Serval pour soutenir les forces gouvernementales et défendre l'unité du pays.

Aujourd'hui, cinq ans plus tard, la présence militaire française reste essentielle pour prévenir la menace djihadiste, dans une vaste région du Sahara et du Sahel. Le soutien européen pour l'opération française était essentiellement logistique. La coopération avec les pays du Maghreb est encore plus limitée et essentiellement bilatérale (avec l'Algérie et le Maroc). L'interconnexion entre les défis du Sahel et du Sahara recommande une plus grande coopération inter-maghrébine, étendu à l'Union européenne et les cinq pays du Sahel, le G5.

Sans une coopération maghrébine, il est très difficile de stabiliser le Sahara, et sans stabiliser le Sahara, il est difficile de stabiliser le Sahel.

La Lybie des mille milices est en réservoir important pour les mouvements jihadistes et une menace pour les pays voisins, notamment, l'Algérie et la Tunisie. Ces groupes représentent une menace pour la stabilité de la Tunisie, ils sont intervenus dans la ville frontalière de Ben Guerdane. Les actions des djihadistes tunisiens dans la région montagneuse de Jebel Ech-Chambi, limitrophe de l'Algérie, constituent, aussi, un risque pour cette dernière.[15]

---

[15] http://carnegieendowment.org/files/sahel_sahara.pdf

L'Union européenne a mis l'accent sur la coopération bilatérale dans ses relations avec les États du Maghreb central dans le domaine de la sécurité. Cependant, le manque d'une véritable coopération régionale à laquelle on ajoute le fait que les pays européens semblent de plus en plus voir l'Algérie comme un acteur important pour la sécurité de la Tunisie, est une source de préoccupation ; surtout que l'après-Bouteflika peut ouvrir une période de transition incertaine en Algérie. En même temps, on se demande à Tunis s'il n'y a pas des forces, en Algérie, qui sont défavorables à un triomphe de l'expérience démocratique tunisienne.

Par sa position centrale, et par ses relations avec la Tunisie, l'Algérie joue un rôle critique du point de vue de la sécurité du Maghreb. Cependant son rôle croissant dans le domaine de la sécurité régionale et la croissance exponentielle de ses dépenses militaires, inquiètent le Maroc qui cherche à assurer un plus grand équilibre.

La course à l'armement au Maghreb est, donc, une autre conséquence malheureuse du manque de coopération régionale. Les dépenses militaires de l'Algérie ont évolué de 3,64 % du PIB en 2006 à un chiffre record de 6,24 % en 2015. Celles du Maroc ont beaucoup moins évolué, ils sont passés de 3,11 % en 2006 à 3,16 % en 2015 ; mais dans les deux cas, elles sont trop élevées. Rappelant que les pays européens ont beaucoup de difficultés pour attendre les 2 % du PIB fixés dans le cadre de L'OTAN. En Tunisie, ces dépenses sont aussi en évolution puisqu'elles ont augmenté de 1,25 % du PIB en 2011 à 2,26 % en 2015 comme conséquence de la détérioration de la situation sécuritaire dans le pays. La coopération maghrébine dans le domaine de la sécurité amènerait une réduction des dépenses militaires, ce que profiterait aux autres secteurs clés de l'action des États, comme l'éducation et la santé.

Ce sont autant de facteurs qui militent pour une coopération plus étroite entre les pays de la région, que devrait être perçu comme un intérêt stratégique par l'Union et ses États membres, comme la France.

Tunisie comme la première pierre

L'Union européenne reste sans une politique cohérente pour faire face aux problèmes sociaux et sécuritaires du Maghreb, malgré, ou à cause, de la multiplicité des instruments et des initiatives. La politique de voisinage actuelle est mal outillée pour le faire, parce qu'elle est trop étendue géographiquement, mal adaptée aux réalités spécifiques de la région et sans l'ambition nécessaire.

Une nouvelle politique européenne pour le Maghreb est non seulement possible, mais nécessaire et peut se fonder sur quatre priorités :
- le soutien à la démocratisation de la Tunisie,
- la paix en Libye,
- le renforcement de la coopération économique et la sécurité avec les trois pays du Maghreb central
- et le changement de la politique migratoire de l'Union.

La consolidation démocratique en Tunisie devrait être l'axe central de la « nouvelle politique ». Le succès de la transition démocratique tunisienne est un intérêt vital de l'Union européenne, d'abord pour prouver la compatibilité entre l'islam et la démocratie, même aux portes de l'Europe, ensuite comme un bon exemple, qui peut aider à déconstruire le discours islamophobe. En même temps, il forcerait l'Union à assumer la défense de valeurs politiques positives à un moment où son image est profondément marquée par l'égoïsme tragique, fait des fils de fer barbelés qui ferment les frontières de l'Europe à ceux qui essayent de la rejoindre pour fuir la mort et les guerres qui ensanglantent le Moyen-Orient.

Une telle politique imposerait à l'Union de combiner son activité diplomatique, en direction de tous les pays de la région, avec un approfondissement de l'intégration pour les pays qui font des progrès manifestes vers la démocratie. La preuve de cette différenciation aurait un fort impact sur les citoyens du Maghreb, ils verraient l'Union, comme un champion de la démocratie, de la liberté et de la justice sociale.

Avec cette politique, l'Europe contribuerait également à la consolidation de l'alternative démocratique au vieux nationalisme arabe, et à isoler le jihadisme violent, qui continue de mobiliser une partie de la jeunesse du Maghreb, comme en témoignent les 3 milliers de Tunisiens qui sont allés se battre dans les rangs Daesh.

La Tunisie, n'est, pas seulement le pays où cette politique de soutien démocratique serait plus efficace, mais aussi là où elle est la plus facile, parce que dans le pays de la révolution du jasmin, le soutien extérieur est souhaité, que ce soit par le Gouvernement ou par la société civile.

La Politique de soutien à la Tunisie ne peut pas se réduire à la zone de libre commerce (ALECA) annoncée, qui peut avoir des conséquences négatives, dans un pays avec des problèmes sociaux graves, si elle ne fait pas partie d'une politique globale avec une dimension importante de fonds structurels, comme l'a noté Azzam Majoub : « *Il est essentiel de considérer que l'ALECA qui est un accord commercial standard, n'est pas une fin en soi, il doit être inclus dans le cadre d'un nouvel accord politique global (une refonte et mise à jour de l'accord d'association), qui doit être l'expression d'un partenariat de solidarité active entre la Tunisie et l'UE.* »[16]

---

[16] Azzam Majoub *La politique économique européenne vis-à-vis des pays de la rive sud de la Méditerranée. Une critique* ». L'Accord de Libre Échange Complet et Approfondi (ALECA) de la Tunisie avec

Cependant, dès le départ, l'initiative envers la Tunisie devrait être ouverte aux autres pays du Maghreb central, et avoir aussi comme ambition la résolution de la crise libyenne.

L'Union pour la Méditerranée qui se résume aujourd'hui à une structure bureaucratique sans substance devrait être remplacée par une structure dédiée au financement de projets dans le Maghreb. Cela ne devrait pas empêcher des initiatives méditerranéennes là où il serait possible de le faire comme, en l'occurence, pour la protection des réfugiés.

La priorité à donner au Maghreb ne signifie pas que l'Union européenne ne devrait pas jouer un rôle beaucoup plus important pour la résolution de ce conflit majeur en Syrie et pour mettre fin à la plus grave crise humanitaire du XXI siècle. La guerre en Syrie est comparable à un tremblement de terre avec des secousses dans toute la méditerranée, en Europe et aussi au Maghreb. La contamination du Maghreb par la guerre du Moyen-Orient sera très difficile à arrêter, si l'on agit pour éradiquer à la source la radicalisation et la désintégration régionale. L'Union européenne doit et peut assumer un rôle dans les négociations de paix et affirmer sa disposition aussi à assumer un rôle militaire dans une mission de paix après un accord.[17]

L'ambition de la nouvelle politique de l'Union vis-à-vis du Maghreb devrait être, dans le temps, la création d'une communauté Euro-Maghrébine des États démocratiques, objectif plus réaliste que le projet de

---

l'UE, in Gisela Baumgratz, Khaled Chaabane, Werner Ruf, Wilfried Telkämper, Developement by Free Trade ? Bruxelles : Peter Lang, 2018

[17] V. Álvaro Vasconcelos Scenarios for a Peace Mission for Syria , Ari: Paris, 2014

communauté euro-méditerranéenne[18], mais revenant toujours aux principes qui, en 2005, étaient avancés pour un tel projet : Hospitalité, unité dans la diversité, non-violence, développement dans la dignité, intégration et valeurs communes.

La coopération dans le domaine de la culture et de l'enseignement devrait jouer, dans cette nouvelle dynamique, un rôle central.

Le débat sur la refondation historique de l'Union européenne proposé par Emmanuel Macron arrive aussi à un bon moment pour repenser la politique méditerranéenne de l'Union, dans le cadre d'une vision qui se fonde sur la conviction que l'Union européenne ouverte, du point de vue interne et international soit la seule possible.

Les musulmans européens auront un rôle important à jouer dans la refondation de l'Union européenne. Il y va de leur intérêt et de la démocratie.

Les citoyens des pays du Maghreb doivent, eux aussi, dès le début être appelés à contribuer pour ce débat essentiel pour le futur de L'Europe, mais aussi pour leur futur.

Assumer la multiplicité des héritages culturels de l'Europe, incluant l'héritage musulman, est fondamental pour cette refondation, parce qu'au centre de tout projet européen il faut placer les citoyens, dans le respect de la diversité de ses multiples identités.

---

[18] Barcelona plus : Towards a Euro-Mediterrannean Community of Democratic States, EuroMeSCo 2005

Le défi de la Politique de voisinage

Patrick Renauld

Il y a trente ans Claude Cheysson, politique visionnaire, tentait de faire comprendre à ses collègues des États membres l'importance d'un partenariat étroit avec nos voisins du sud et s'il proposait l'ouverture des marchés et des aides financières c'était comme arguments à l'ouverture d'un véritable dialogue.

De cette vision est née la Politique de Voisinage qui constitue aujourd'hui le cadre de travail politique et budgétaire de l'UE sur ses frontières de l'Est et du Sud.

Pour aider les acteurs européens à définir leur stratégie, voyons ce que nous disent dans leurs rapports les Organisations internationales sur les priorités et les intérêts exprimés par nos partenaires du Sud de la méditerranée.

Le FMI : « Les actions prioritaires pour les pays importateurs de pétrole consistent à créer des emplois, assainir les finances publiques et lancer sans délai un ambitieux programme de réformes structurelles.

L'incertitude politique complique la mise en œuvre des réformes et l'absence d'amélioration de la situation économique aggrave les tensions sociopolitiques et ainsi compromettent la transition et la confiance nécessaire pour l'investissement privé. »

La Banque Mondiale... ne dit pas autre chose lorsqu'elle constate « que la croissance ralentit, le chômage augmente et l'inflation s'intensifie. Pour éviter d'aggraver le mécontentement social et politique, les pays continuent de retarder les réformes attendues notamment les rigidités du marché du travail, les réglementations complexes et opaques, les carences de l'infrastructure, les subventions régressives et inefficaces et les filets de protection sociale inadéquats. »

Les Nations Unies estiment qu'il faut travailler sur la résilience, le partage des connaissances et le transfert de technologies afin que ces pays ne reviennent pas en arrière.

La FAO pose comme actions prioritaires l'alimentation, l'eau et le soutien à la petite agriculture.

Création d'emplois, réformes structurelles, résilience, alimentation, développement de la société civile... Voilà en gros les principales actions et besoins prioritaires que nos experts ont diagnostiqués.

Notre Politique européenne de Voisinage (PEV) intégrera donc ces objectifs. Quittons Bruxelles, Paris, Washington !

Je suis chef de délégation dans un des pays du Proche Orient et je dois mettre en œuvre la politique de voisinage et son nouvel instrument.

À part le budget qui est important : PEV : 2014-2020, 15,4 milliards pour 16 pays (ACP 30M, pour 79 pays), à première vue je ne vois rien de nouveau à vendre à mes hôtes.

Ils savent déjà quels sont nos motivations, nos intérêts et les points qui sont pour nous sensibles.

Le « plus de soutien pour plus de réformes », je leur fais déjà miroiter cela depuis près de quinze ans. La participation aux programmes européens, aussi.

En fait, ce qui leur paraîtra peut-être nouveau c'est que nous allons essayer de travailler mieux.

Comment ? En simplifiant nos procédures, en concentrant nos actions, en personnalisant, en nous coordonnant avec les EM. Et surtout

En dialoguant plus.

1. Le dialogue

Mais sur quoi ?
Sur nos valeurs à nous ?
En ont-ils besoin ? Sont-elles leurs priorités ? Ont-elles été capables de faire cesser un conflit ?

J'ai quitté la région il y a trois ans et pour combler mes lacunes, j'ai demandé à quelques amis autochtones de me mettre à jour.

Le premier que je citerai est Walid Joumblatt, Chef du Parti Populaire Socialiste, Seigneur des Druzes, tribu qui s'étend de la Syrie à Israël, née d'un chiisme chez les chiites.

« Je m'interroge, dit-il, sur la valeur ou plutôt le sens des terminologies classiques comme démocratie ou société civile dans des pays ravagés par les guerres civiles, tribales ou confessionnelles comme l'Irak, la Lybie et maintenant la Syrie.

En fait, on assiste à l'effondrement des systèmes d'état, certes à l'origine totalitaire, pour être remplacés par le désordre, le chaos.

Et face à ce chaos, la futilité et l'effondrement total des valeurs de solidarité de la communauté internationale et je pense aujourd'hui particulièrement à la tragédie du peuple syrien ».

Voilà dans quel état d'esprit nos partenaires du Sud entament le dialogue.

Dans son propos qu'il qualifie lui-même de nihiliste, je note d'abord une défiance à l'égard du sens des mots que nous employons et un sérieux doute sur la solidarité internationale.

Si les mots que nous employons ont perdu leur sens car nous l'avons dénaturé en privilégiant nos intérêts stratégiques (gaz-pétrole), quelle peut être la valeur du dialogue que nous leur proposons ?

Revenons sur les termes de Démocratie et société civile

Le mot démocratie que nous utilisons, c'est un état de droit et la liberté politique que nous avons mis 250 ans à obtenir. Pour la plupart de leurs populations c'est un terme occidental qui ne signifie rien sauf à bousculer leurs traditions religieuses et leurs coutumes.

Amman 2008. J'ai décidé de me rendre dans les 24 universités de Jordanie pour expliquer aux étudiants ce qu'était l'UE et les objectifs de notre coopération. Dès le premier amphithéâtre, je remarque que lorsque j'emploie le mot démocratie, leur regard marque l'incompréhension. J'ai à ma table pour un diner, Régis Debray et un groupe d'intellectuels chargés par le Président Chirac de mener une réflexion sur le dialogue islamo-chrétien. Je profite de cette somme d'intelligences pour leur demander quel mot je peux employer à la place de démocratie qui est intraduisible et incompréhensible pour les étudiants. Après quelques minutes de discussion, ma voisine, professeur à l'Université Al Aqsa au Caire, résume :

« Utilisez les mots dignité et justice ».

Dignité, (*karama*) ce mot est le premier que nous entendrons place Tahir en janvier 2001 et non pas *democratia*.

Je ne suis pas ethnologue mais je crois que 80 % de la population de la région dont les coutumes sont tribales, familiales et fortement imprégnées par la religion craignent instinctivement que la société civile « horizontale » que nous prônons, détruise leur société dont la structure est essentiellement verticale et coutumière.

Lorsque j'ai mis en place, comme au Liban, un programme de création d'emplois dans les villages jordaniens, il m'a fallu aller en informer les chefs de tribus et les chefs religieux pour qu'ils ne pensent pas que j'allais court-circuiter leur pouvoir. J'ai été accueilli de manière suspicieuse car j'allais faire la charité à leur place et donc prendre leur place. Et c'est parce que j'avais réussi à convaincre Hassan Nasrallah au Liban et qu'ils ont été convaincus que c'était une action économique, que l'on m'a laissé travailler. Car pour les Frères musulmans, l'économique n'a pas d'importance stratégique. Ils ne s'en préoccupent pas ou mal (cf. l'Égypte ou l'Algérie en 1992).

Ces deux exemples simplement pour se rappeler que les mots que nous employons n'ont pas le sens que nous leur souhaitons. Et si nous n'y prenons pas garde, il peut bloquer nos interlocuteurs et nous rendre politiquement suspects.

Bien sûr, ils assisteront à nos conférences, ne serait-ce que pour obtenir des subventions, pour voyager et changer d'air comme ils l'avouent si bien. À leur tour, ils emploieront les mots qui nous font plaisir mais tant que les conditions ne seront pas réunies pour ce dialogue, cela restera une aimable discussion sans conclusions.

2. La crédibilité européenne

L'occupation du Liban par la Syrie

Conseil d'Association européen en février 2004 à Bruxelles. Il est proposé de porter dans le compte rendu que « la Syrie doit mettre fin à son occupation et l'armée quitter le Liban ». Le PM Hariri se sentant menacé de représailles, demande au Président Chirac de faire supprimer cette disposition. Puis Chirac finit par décider de se ranger au *regime change* US : Résolution 1559. Et commence une longue série d'attentats, Rafic Hariri est assassiné. Puis vient le Président Sarkozy qui pense que l'on doit dialoguer et non pas ostraciser. Il invite Bachar à l'Élysée et crée l'Union pour la Méditerranée (UPM). Il n'a pas plus avancé sur le Golan, les fermes de Chebaa ou les frontières de 1967, faute de soutien américain. Son Union Pour la Méditerranée n'a rien arrangé. L'UE est marginalisée.

2004, Le Président libanais a inauguré un barrage sur la rivière Wazzani qui descend du Golan, longe la frontière sud et va alimenter avec le Hasbani le lac de Tibériade. Ce barrage doit alimenter dix villages de la Bekaa. Il faut savoir que les Israéliens ont posé des pompes dans cette rivière, dont ils viennent régulièrement faire la maintenance en passant sous le grillage qu'ils ont placé sur la frontière et sans que le Hezbollah ne leur tire dessus. Sharon hurle et dit que cette station de pompage constitue un *casus belli*.

Je demande à Bruxelles et au PM Hariri de pouvoir faire une étude pour déterminer les volumes utilisés par ces dix villages et l'influence que ce pompage aura sur le volume disponible pour Israël. Pour donner une légitimité à cette étude, je demande à Staphan de Mistura RP UN de me fournir un expert. L'étude démontrera que le pompage libanais n'aura aucune influence sur les volumes sauf deux mois l'été. Je n'ai pas été autorisé à publier cette étude qui compliquerait *les négociations en cours...*

Quelle crédibilité avions-nous lorsqu'Israël a commencé à bombarder le Liban en juillet 2006 ?

Je me souviens d'avoir dit à J. Solana, Haut Représentant de l'UE, devant son hélicoptère alors qu'il repartait pour Chypre : « Il va falloir être courageux et prendre des mesures de rétorsion contre le gouvernement israélien ».

« Mais nous sommes courageux » a-t-il répondu, offusqué.

Courageux, oui, le Parlement européen l'a été quelques jours plus tard. Utilisant la condamnation de la rue européenne, le Président du PE a eu le courage politique de menacer de rétorsions Israël et a obtenu l'arrêt des bombardements.

Notre absence de crédibilité militaire et de possibilité de donner des garanties réelles aux belligérants qui signeraient une paix, c'est cela que m'a opposé Hassan Nasrallah lorsque j'ai évoqué la nécessité de cesser la résistance armée.

Mais c'est aussi ce que nous oppose le gouvernement israélien lorsque nous prétendons avoir une position différente des États-Unis.

En 2008, le Président de la Banque centrale de Jordanie, Al Omari, me dit à propos de la complaisance européenne :

« Si vous ne jouez que les corrompus contre les islamistes, vous allez perdre ».

Nous avons perdu.

Face à notre incapacité à faire le tri, c'est le peuple qui tente de le faire et qui le poursuit au prix de tragédies que nous observons et commentons, soucieux, au cours de conférences et de dialogues.

3. Le levier économique

Alors sur quels leviers pouvons-nous encore compter pour être crédibles ?

Je laisse de côté les subventions qui, si elles ont un impact humanitaire et social n'en ont aucun, à mon humble avis, sur le plan politique. Ne négligeons pas néanmoins l'impact didactique mais internet le fait souvent aussi bien.

De mon point de vue, notre levier le plus crédible reste le levier économique.

Je prends trois exemples.

Au Liban

Les experts gouvernementaux de ces pays sont allés dans les mêmes écoles que nous et parlent notre langue. Là où cela commence à coincer, c'est lorsqu'ils se parlent entre eux et qu'ils répercutent dans leurs ministères et parlements ce qui avait été décidé avec nous.

Le processus se bloque faute de vision et d'intérêts communs et aussi parce que le politique clanique, tribal prend immédiatement le pas sur le politique étatique.

Les Libanais sont des experts dans ce domaine et en juin 2006 après six mois de dialogue politique stérile pour se mettre d'accord sur des objectifs communs, je suis allé voir Hassan Nasrallah et lui ai proposé d'ouvrir un dialogue économique. À partir de son accord, j'ai obtenu celui de tous les autres chefs de partis que nous avons réunis à la Délégation avec mission de déterminer trois objectifs économiques avec leur mode de mise en œuvre, qu'ils s'engageraient à présenter à leur gouvernement comme une position commune avec mission de les exécuter.

Après trois heures de discussion, nous avons obtenu l'unanimité sur trois propositions dont deux présentées par le Hezbollah. La réunion suivante qui devait fixer les modes de mise en œuvre et éviter toute échappatoire a été interrompue pour longtemps par les bombardements israéliens en juillet.

Échec. Pas tout à fait. Car cet effort nous avait donné suffisamment de crédibilité pour que l'ensemble des partis, le gouvernement et les organisations internationales nous confient la coordination de l'aide humanitaire pendant cette courte guerre.

En Jordanie

Même situation de blocage politique un peu plus à l'ouest.

À Amman, j'ai proposé de créer un Benelux entre Israël, la Palestine et la Jordanie. Benelux qui pourrait s'étendre, dans un deuxième temps, aux voisins. L'idée, pas nouvelle, était toujours de rassembler et d'ouvrir le dialogue autour d'intérêts économiques communs.

J'ai obtenu l'accord de tous les cabinets européens pour lancer la négociation. Jusqu'au moment où le gouvernement israélien a torpillé le projet qui, indirectement, s'ingérait dans *le processus de paix*.

Alors j'ai entamé des discussions entre les Jordaniens et les Syriens pour mettre en place une politique commune des transports pour relier Aquaba à Lataquié et au golfe persique via l'Irak, avec pour prétexte le volume de marchandises nécessaire à la reconstruction de l'Irak. J'ai fait de même avec l'eau et l'énergie. Le lendemain j'avais le premier Conseiller israélien dans mon bureau pour me demander d'y participer à moi qui étais paria depuis que je parlais avec le Hezbollah. Ma réponse a été : « non, pas avant que les pays arabes aient réussi à mettre en place ces politiques communes et démontrer qu'ils pouvaient lever l'impossibilité de travailler ensemble. » Impossibilité qui est un argument de défiance constamment utilisé par les politiques israéliens.

Les négociations ont cessé avec l'arrivée du printemps arabe. La Russie a pris le relai.

En Israël

Il y a trente ans les Israéliens ont bloqué les exportations de fruits et légumes venant des territoires palestiniens, et cela contrairement aux accords qui avaient été signés avec l'Europe. Claude Cheysson a aussitôt suspendu la mise en œuvre de l'accord et les importations israéliennes en Europe. Le gouvernement israélien a cédé après deux mois.

4. La cohésion européenne

Il est très difficile pour l'Union européenne de rallier 28 États membres rapidement sur un objectif politique dans cette région. Je ne veux pas jeter la pierre aux nouveaux arrivants mais je me souviens que dans mon premier poste au Maroc (1988), je propose de créer le premier festival du film européen. L'Ambassadeur du Portugal me demande : « Pourquoi ? Il n'y a pas de culture européenne ni de politique dans ce sens ! » Le Portugal avait adhéré deux auparavant.

La légitimité de l'UE, sa crédibilité dans les dialogues qu'elle souhaite engager peut exister :

– En partageant véritablement des mécanismes et des politiques communes dans les secteurs économiques, éducatifs et sociaux où nos voisins du sud ont avec nous des intérêts communs.

– En montrant notre détermination à s'assurer que chacun respecte correctement toutes ses obligations contractées dans nos accords de coopération et d'association. Il doit être clair qu'en dehors de cette base contractuelle librement consentie et observée qui assure à chacun le respect et la dignité, il n'y a ni coopération, ni dialogue, ni politique de voisinage crédible et possible.

On doit être très ferme sur cela, sinon à quoi bon dépenser autant d'argent.

Je ne suis pas pessimiste. La semaine dernière je proposai à une dame influente, que le Roi Abdallah qui a réussi à ce que la Jordanie soit un des meilleurs élèves selon la Banque Mondiale, appelle ses collègues alentours, à une réunion pour planifier l'aide à la reconstruction économique des pays voisins. Car je suis convaincu que s'il est aujourd'hui quasi impossible de réunir les parties au conflit sur les questions politiques de la paix, il est peut-être possible de les réunir pour reconstruire. Je crois que l'argent à gagner, peut être un élément motivateur déterminant, au moins un élément dominant, pour un temps, les appétits politiques trop usés.

Conclusion

Lahkdar Brahimi a quitté sa charge de Représentant du SG UN pour la Syrie. Le dialogue n'avait pas fonctionné. Staffan de Mistura a pris sa place pour un résultat identique.

Et dans ce cas était-ce un problème de langage ou de crédibilité ?

Pour ce qui est de la crédibilité, il est évident qu'ils ne disposaient d'aucun levier, on les leur avait tous retirés.

Pour ce qui est du langage, Bachar étant dans le déni, ils n'avaient aucune chance de se faire comprendre.

Le déni est un élément confondant dans l'exercice de la diplomatie car il éradique à la base toute forme de dialogue.

Permettez-moi de terminer sur un texte d'Uri Avneri, parlementaire israélien. Je cite :

« Il est intéressant de noter comment chacun exprime sa négation de l'autre. Au cours d'un débat à la Knesset, Golda Meir dit : *le peuple palestinien n'existe pas*. Je lui répondis : *Mme le Premier Ministre peut être avez-vous raison mais si des millions de personnes croient par erreur qu'ils sont un peuple et agissent comme un peuple, ils sont un peuple* ». De même du côté arabe et musulman le déni s'exprime lorsqu'ils souhaitent jeter les juifs à la mer comme leurs pères ont jetés les croisés. La paix est victime d'une sémantique terroriste. »

Nouveaux enjeux euromaghrébins et perspectives

Nadji Safir[*]

Alors qu'en cette année 2017, l'Union européenne (UE) célèbre le soixantième anniversaire du Traité de Rome, qui marqua le début du processus d'intégration européenne dont, aujourd'hui, elle est la consécration, il est utile de faire le point sur les relations qu'elle entretient avec des pays constituant un espace géographique qui, à tous égards, lui est très proche : le Maghreb[19]. En effet, situés sur la rive sud du bassin occidental de la Méditerranée — à seulement 14 km du territoire européen au niveau du détroit de Gibraltar — les pays du Maghreb, depuis très longtemps, ont constitué un espace qui, tout au long de l'histoire, pour le meilleur et pour le pire, a eu d'étroites étroites avec différents pays actuellement membres de l'UE ; notamment ceux appartenant à sa façade méditerranéenne. Avant d'entretenir — pour ce qui concerne l'histoire contemporaine, depuis les Indépendances nationales des années 1950 et 1960 — des relations avec les différentes formes institutionnelles que, successivement, prendra le processus d'intégration dont l'aboutissement est l'actuelle UE.

---

[*] Chargé de Cours à l'Institut de Sociologie de l'Université d'Alger ; ancien Chef de Division du Développement Social à la Banque Africaine de Développement.
[19] Le Maghreb sera ici entendu au sens des 5 pays constituant, depuis 1989, l'Union du Maghreb arabe (UMA) : Mauritanie, Maroc, Algérie, Tunisie et Libye. Cependant, il convient de préciser que, pour l'Union européenne, formellement, la Mauritanie relève d'un domaine d'action différent de celui des autres pays du Maghreb : à savoir celui du groupe Afrique-Caraïbes-Pacifique (ACP).

1. Avant de nous intéresser à la substance même des relations entre l'UE et le Maghreb qui nous occupera le plus ici, un bref détour par les divers cadres qui ont été les leurs s'impose. De ce point de vue, trois grandes phases historiques étroitement articulées entre elles peuvent être distinguées :

– *d'abord, celle correspondant aux premiers accords passés entre la Communauté économique européenne (CEE) et les différents pays maghrébins (1969-1995)* : elle verra, en 1969, la signature des premiers accords commerciaux avec trois pays maghrébins — Maroc, Algérie et Tunisie — visant pour l'essentiel le maintien des exportations « traditionnelles » de ces pays en direction de la CEE et qui, de fait, étaient, liées à leur ancien statut de colonial français.

– *ensuite, celle qui démarre avec la Conférence de Barcelone de novembre 1995* : elle est marquée par la naissance d'un nouveau type de partenariat (EUROMED) entre les pays européens et douze *« Pays du Sud et de l'Est de la Méditerranée » (PSEM)*, dont les pays maghrébins (1995-2005)[20]. Elle verra la conclusion d'accords d'association — comportant des volets, économique, politique et social — avec, successivement, le Maroc, la Tunisie et l'Algérie et qui s'inscrivent dans une vision plus large ayant comme objectif la constitution d'une zone euro-méditerranéenne de libre-échange en 2010.

– *enfin, celle que nous connaissons toujours et dite « Politique européenne de Voisinage » (PEV)* : elle s'inscrit dans un nouveau cadre d'action proposé par l'Union européenne à partir du début des années 2000 et qui sera réexaminé, notamment en 2011, au lendemain des évènements politiques en cours dans certains pays arabes

---

[20] Les quinze pays, alors membres, de l'UE et douze pays du pourtour méditerranéen signent la *« Déclaration de Barcelone »* établissant un partenariat entre les deux rives de la Méditerranée.

(« *printemps arabes* ») ; puis, en 2015, pour tenir compte des nouvelles évolutions enregistrées dans les pays initialement visés et qui, avant tout, vise à assurer la stabilité et la sécurité des pays voisins, situés à l'Est et au Sud de l'Union. Toujours dans le même sens, il convient également de mentionner le nouveau cadre qu'aura constitué l'Union pour la Méditerranée (UpM) qui comprend les 28 États membres de l'Union et 15 pays méditerranéens. Cette dernière phase est actuellement marquée par les négociations, toujours en cours, de nouvelles formules d'accord — dites *« accord de libre-échange complet et approfondi »* (ALECA) — avec le Maroc, bénéficiant déjà depuis 2008 d'un *« statut avancé »*, et la Tunisie. Elle voit aussi en 2017 une nouvelle évaluation de l'accord d'association entre l'UE et l'Algérie — signé en 2002 et entré en vigueur en 2005 — accompagnée de l'adoption d'un document sur les *« Priorités de Partenariat entre l'UE et l'Algérie pour la période 2017-2020 »*.

En outre, il convient de mentionner qu'à l'occasion du Sommet qui les a réunis à Rome, le 25 mars 2017, pour célébrer le soixantième anniversaire du Traité de Rome, les dirigeants européens ont adopté un texte — *« Déclaration de Rome »* — dans lequel, en ce qui concerne les objectifs à la réalisation desquels ils s'engagent à œuvrer, il en est un qui intéresse notre thème et qui est formulé comme suit : *« Une Europe plus forte sur la scène mondiale : une Union qui continue à développer les partenariats existants, qui en instaure de nouveaux et qui œuvre à la stabilité et à la prospérité dans son voisinage immédiat, à l'est et au sud, mais aussi au Proche-Orient, dans toute l'Afrique et dans le reste du monde »*.

2. En fait, la trame que dessinent les relations entre l'UE et les pays du Maghreb peut, en dernière analyse,

être fondamentalement caractérisée comme asymétrique. D'abord, parce qu'il existe entre les deux ensembles une nette différence de niveau de développement et de richesse, puisque, d'un côté, l'UE constitue l'un des pôles dominants de l'économie mondiale et que, de l'autre, l'ensemble maghrébin regroupe des pays dotés d'économies encore en développement, faiblement performantes. De ce point de vue, les données disponibles — estimations pour 2017 — mettent bien évidence les différences en présence entre un Maghreb dont le Produit Intérieur Brut (PIB) exprimé en parité de pouvoir d'achat (PPA) — pour les cinq pays, donc — est de l'ordre de 1 204 milliards de dollars[21], soit avec une population d'environ 98,5 millions d'habitants, un PIB/PPA par habitant de l'ordre de 12 200 dollars ; alors que le PIB/PPA de l'UE est de l'ordre de 20 750 milliards de dollars, soit avec une population totale de l'ordre de 510 millions d'habitants, un PIB/PPA par habitant de l'ordre de 40 700 dollars. Ainsi donc, le PIB/PPA de l'UE est environ 18 fois supérieur à celui du Maghreb et le PIB/PPA par habitant de l'UE l'est plus de 3 fois.

3. Ensuite, parce que les deux ensembles n'ont pas du tout le même niveau d'organisation, de fonctionnement et, surtout, d'existence réelle, puisqu'ils correspondent, d'une part, en ce qui concerne l'UE, à un processus d'intégration économique — et même, à maints égards, politique — relativement abouti et pleinement opérationnel, aux plans tant interne qu'international. Et ce, quels que puissent être les problèmes actuellement rencontrés par l'UE, en raison de la sortie, en principe désormais programmée, de la Grande-Bretagne. Alors que, d'autre part, du côté maghrébin, l'Union du Maghreb arabe (UMA), fondée en février 1989, est une entité formelle sans réel contenu, ni

---

[21] À chaque fois que, dans le texte, le dollar est mentionné, il s'agit du dollar des États-Unis.

économique et, certainement encore moins, politique et ce, pratiquement, depuis ses premières années d'existence. Et qui, en dernière analyse, totalement bloquée par les profondes divergences algéro-marocaines sur le conflit du Sahara occidental — territoire anciennement sous administration espagnole, annexé par le Maroc depuis 1975 — semble aujourd'hui sans perspectives réelles. Situation de l'organisation maghrébine d'autant plus précaire que la grave crise en cours en Libye depuis 2011 y a conduit à un effondrement total de « l'État » dans l'un de ses pays-membres. Dans de telles conditions, en raison des deux niveaux jusqu'ici identifiés en termes d'asymétrie et déjà mentionnés, de fait, le « géant » qu'est l'UE négocie avec chacun des « nains » que sont les différents pays maghrébins, considérés isolément. Et c'est, nécessairement dire combien le pouvoir de négociation de chacun de ces pays avec l'UE ne peut en être, d'une manière ou d'une autre, que négativement affecté.

4. Ceci dit, même si, formellement, il n'est pas strictement conçu dans le cadre des relations de l'UE, il convient de mentionner l'espace de dialogue et de concertation que constitue le *« Forum de la Méditerranée Occidentale »* dit *« 5 + 5 »* qui regroupe, d'une part, les 5 pays constitutifs de l'UMA déjà énumérés et situés, au sens large, sur la rive méridionale du bassin de la Méditerranée Occidentale ; et, d'autre part, 5 pays, tous membres de l'Union européenne, et situés — eux aussi au sens large[22] — sur la rive septentrionale du bassin de la Méditerranée Occidentale : Portugal, Espagne, France, Italie et Malte. Initiative lancée à Rome en 1990 — soit bien avant la Conférence de Barcelone de 1995, déjà

---

[22] Étant entendu qu'au sens strict, ni le Portugal, ni la Mauritanie, n'ont de façade méditerranéenne. Les cinq pays européens mentionnés rappellent la notion *« d'arc latin »* utilisée dans certaines formules européennes de coopération décentralisée.

évoquée — le dialogue dit « 5 + 5 » qui se veut un espace informel de coopération entre les 10 pays des deux rives a permis l'émergence de diverses formules de coopération initiées lors de nombreuses réunions ministérielles : – soit à caractère général, réunissant les Ministres des Affaires Etrangères et ce, en principe, une fois par an ; – soit essentiellement thématiques (défense, intérieur, transport, migration, finances, éducation, eau, tourisme, énergie, etc.) et regroupant les responsables des départements ministériels intéressés. En outre, deux sommets des Chefs d'État et de Gouvernement se sont tenus en 2003 et 2012. Le bilan des activités de ce Forum dont l'un des objectifs tel qu'affirmé de manière volontariste, suite au Sommet de Tunis de 2003, était celui de *« favoriser l'adoption de coopérations renforcées »* demeure assez mitigé dans la mesure où, bien qu'ayant toutefois le mérite d'exister, il n'a cependant pas débouché, au final, sur des avancées particulièrement remarquables dans les relations réelles entre les pays des deux rives. Relations euromaghrébines qui, depuis longtemps, sont structurées par de nombreux enjeux décisifs relevant, pour l'essentiel, de trois grands domaines, ayant reçu des appellations diverses au gré des conjonctures, étroitement liés entre eux et dont un bref examen s'impose.

5. Le premier d'entre eux est celui de l'économie qui, tel qu'envisagé par l'UE, pour reprendre les termes mêmes de la *« Déclaration de Barcelone »* de 1995, s'inscrit dans une vision globale ayant pour objectif principal la construction — avec les pays du Maghreb et les autres pays voisins — d'une *« zone de prospérité partagée »*. Or, de ce point de vue, sur la base des performances économiques réelles des pays du Maghreb et qui, pour l'essentiel, demeurent faibles — comme l'illustre, entre autres, le PIB/PPA par habitant déjà mentionné - force est de constater que les dynamiques formellement inscrites

dans les processus de coopération n'ont pas donné tous les résultats escomptés et que les déséquilibres structurels affectant les relations entre les deux ensembles sont toujours aussi marqués. En témoignent assez les surplus considérables que dégage la balance commerciale de l'UE avec les pays du Maghreb — à l'exception notable de l'Algérie, en raison du cas très particulier des hydrocarbures qu'elle exporte — alors même que les exportations de ces derniers vers l'UE demeurent particulièrement faibles et d'un niveau technologique peu élaboré. Dans de telles conditions d'asymétrie, il est clair que les projets de nouveaux accords de type ALECA — déjà mentionnés — actuellement en cours de négociation avec le Maroc et la Tunisie présentent pour les tissus économiques encore fragiles de ces pays des risques importants de renforcement des déséquilibres existants et dont les divers impacts possibles d'ordre économique, social et même politique, demeurent aujourd'hui mal maîtrisés.

6. Ceci dit, fondamentalement, les problèmes rencontrés par les pays du Maghreb dans les domaines économiques ont des causes endogènes dont les lourdes conséquences sur la genèse des situations actuelles sont majeures. En raison tout d'abord des processus strictement internes liés à l'histoire nationale — générale et/ou économique — de chacun des pays et qui, en règle générale, ont conduit à des options en matière de politiques publiques[23] dont l'efficacité réelle, en termes de prise en charge effective des défis identifiés — notamment en termes de création de richesses et d'emplois - est

---

[23] Y compris toutes celles définies et mises en œuvre en matière d'éducation, à tous les niveaux du système éducatif, et dont les conséquences négatives directes sur l'économie et la société ont, en règle générale, été largement sous-estimées, voire carrément niées par les pouvoirs politiques en place.

souvent discutable. Et qui, au mieux, auront généré une croissance économique, plutôt faible, comparée à celle d'autres régions du monde — notamment asiatiques — et ce, sans réellement enclencher de véritable processus qualitatif de développement. À cet égard, il est très significatif que, de manière générale, les pays du Maghreb ne sont que très faiblement intégrés dans les chaînes de valeur mondiale les plus dynamiques, notamment du point de vue technologique. En outre, il convient de relever les divers choix qui auront directement conduit à la très faible intégration économique du Maghreb qui « réussit » la contreperformance d'être la région la moins intégrée au monde, puisque les flux entre ses économies représentent, sensiblement, 2 % de ses échanges commerciaux, alors qu'ils sont de l'ordre de 65 % pour l'UE, 25 % pour l'Association des Nations de l'Asie du Sud-Est (ASEAN) en Asie, 15 % pour le Marché Commun du Sud (MERCOSUR) en Amérique Latine et 10 % pour la Communauté économique des États de l'Afrique de l'Ouest (CEDEAO) en Afrique. Or, le très faible taux d'intégration économique de la région, alors même que, par excellence, elle constitue un *« bloc commercial naturel »*, pour reprendre la formule de l'économiste Paul Krugman, ne peut qu'hypothéquer les performances des pays qui y appartiennent. Et c'est ainsi que l'impact négatif qui en résulte est estimé comme équivalant à une perte annuelle de l'ordre de 1 à 2 points de taux de croissance du PIB et qui, donc, sur une longue période représente d'énormes déficits successivement accumulés dans beaucoup de secteurs d'activité économique.

7. Le deuxième domaine est celui, très vaste, de l'éducation, de la culture, de la mobilité des personnes, de la société civile, des institutions, de la bonne gouvernance et de la démocratie dont la principale caractéristique est certainement celle d'impliquer, d'une manière ou d'une

autre, des échanges sur les systèmes de normes et de valeurs toujours à la base des options finalement prises en direction de tel ou tel aspect particulier de la vie en société. C'est un domaine qui, de manière générale, a vu son influence s'élargir dans le cadre des révisions successives de la PEV — de 2011 et 2015 — et qui en fait a pris de plus en plus d'importance depuis les *« printemps arabes »* dont les problématiques fondatrices et les pratiques, à partir de 2011, avaient nettement mis en évidence les insuffisances des politiques jusqu'alors menées par l'UE à l'égard des régimes arabes autoritaires et qui avaient été estimées comme plutôt complaisantes. Pour ce qui concerne la mobilité des personnes, notamment les migrations illégales Sud-Nord en Méditerranée, problème depuis longtemps lancinant et devenu aigu à partir de 2011, en raison de l'effondrement du pouvoir central libyen et de la guerre civile qui s'en est suivie, elle est devenue une préoccupation majeure pour tous les pays de la région et face à laquelle peu de solutions réelles, ni du côté européen, ni du côté maghrébin, ont pu être effectivement mises en œuvre. De ce point de vue, l'UE **assigne aux pays du Maghreb la mission de** contribuer à réduire, par tous les moyens, la pression migratoire exercée en sa direction, en commençant par celle qu'eux-mêmes génèrent, puis en limitant celle en provenance de l'Afrique subsaharienne, en général, et celle du Sahel, en particulier. Enfin, il convient de mentionner que, outre les flux d'immigration illégale maghrébine qui se poursuivent, il existe un important exode des *« cerveaux maghrébins »* en direction de l'Union européenne — notamment vers la France pour d'évidentes raisons de maîtrise de la langue — en très nette hausse depuis les années 2000, qui représente pour leurs pays d'origine une véritable perte de substance affectant directement et de manière négative leurs perspectives économiques[24].

8. Le troisième domaine est celui de la sécurité et de la stabilité[25] qui, tant au plan interne de chacun des pays concernés, qu'à celui de l'ensemble de l'espace commun partagé — notamment la mer Méditerranée — et, de manière plus générale, au plan international implique un minimum de vision commune et de coopération entre les partenaires concernés. Dans ce domaine, les évolutions constatées dans les relations entre les pays des deux rives rendent directement compte de celles qui se déroulent sur le terrain et qui sont fondamentalement marquées par l'aggravation de l'impact des actions terroristes, notamment conduites par l'Organisation de l'État Islamique (OEI), tant en Europe que dans les pays du Maghreb. De ce point de vue, pour l'UE, les pays maghrébins ont pour mission de participer le plus activement possible à la lutte contre l'activité des réseaux terroristes islamistes agissant sur leur propre sol, ainsi que dans le Sahel voisin. Ceci dit, dans le domaine, outre les relations bilatérales directes entre pays maghrébins et européens — notamment celles entretenues avec la

---

[24] Par ailleurs, de manière plus générale, contrairement à beaucoup d'idées reçues, en raison du coût effectif de mise en œuvre d'un projet migratoire en direction « Nord », les migrants illégaux qui quittent les pays africains — maghrébins ou subsahariens — n'appartiennent pas nécessairement aux catégories sociales les plus pauvres et bénéficient souvent d'un niveau de qualification relativement notable.

[25] Comme le souligne un document officiel de novembre 2015 intitulé *« Réexamen de la politique européenne de voisinage »*, évoquant une large consultation publique conduite pour reviser la PEV : *« La consultation a révélé une volonté largement répandue de voir la sécurité occuper une place plus importante au sein de la PEV, afin d'améliorer la résilience des pays partenaires face aux menaces qu'ils affrontent actuellement. »* http://collections.internetmemory.org/haeu/20160313172652/http://eeas.eur opa.eu/enp/documents/2015/151118_joint-communication_review-of-the-enp_fr.pdf

France, particulièrement denses — et qui jouent un rôle opérationnel direct, il convient de relever les nombreuses réunions spécialisées conduites dans le cadre du *« 5 + 5 »* qui ont été tenues sur les thèmes de la défense et du terrorisme et qui, progressivement, sont devenues des instances sectorielles particulièrement actives. Ainsi, en matière de défense, les Ministres de la Défense Nationale, de leur côté, et les Chefs d'Etat-Major des Armées, du leur, des 10 pays se réunissent régulièrement et définissent des programmes communs d'activité, notamment sous la forme d'exercices qui concernent souvent les marines nationales ou bien de programmes de formation, comme l'illustre **la mise en place d'un** *« Collège 5 +5 Défense »*.

9. Ceci dit, les enjeux euromaghrébins, entendus au sens strict, ne sauraient être les seuls à retenir l'attention car, en fait, il convient d'élargir la vision en tenant compte de deux autres espaces qui concernent également, à la fois, pays de l'UE et l'UMA et qui, comme dans une logique de *« poupées russes »*, tout en entretenant entre eux de très étroites relations, vont déterminer deux grands ensembles d'enjeux relativement différents ; soit, en allant du plus petit au plus grand, les espaces « euromaghrébosahélien » et eurafricain. Étant entendu qu'en dernière analyse, tous deux n'ont de sens que réinscrits dans une problématique plus large de niveau mondial, à la fois géopolitique et géoéconomique, et qui pense les rapports entre tous les espaces identifiables eu égard à la compétition qui, nécessairement, anime tous leurs acteurs. Le premier donc des deux espaces mentionnés — « euromaghrébosahélien », entendu au sens de l'UE, de l'UMA et de l'ensemble des pays concernés par la problématique sahélienne — s'articule en priorité autour de la prise en charge des importants défis prévisibles au sein de l'espace sahélien et qui, pour l'essentiel, procèdent des conséquences plutôt négatives attendues — au Sahel,

surtout — de trois grandes logiques convergentes : rythme exceptionnel de croissance de la population, impacts négatifs du réchauffement climatique et dégradation des contextes sécuritaires dominants. Bien que ne rendant compte que des seuls enjeux démographiques, le tableau suivant présente des données suffisamment éloquentes[26] :

**Évolution des populations des trois ensembles
(en millions d'habitants)**

	2015	2015=100	2030	2015=100	2050	2015=100
Europe du Sud	181,0	100	183,3	101	182,1	101
Maghreb	95,6	100	113,8	119	130,0	136
Sahel	84,8	100	135,3	160	231,8	273

Comme on peut le constater, en l'espace de 35 ans — de 2015 à 2050 — les 5 pays du Sahel multiplient leur population par 2,73, alors que celle du Maghreb ne l'est que par 1,36 et que celle des 5 pays d'Europe du Sud reste pratiquement stable. Si les rythmes constatés de l'évolution du nombre d'habitants sont remarquables, il convient de s'intéresser au nombre d'habitants lui-même, puisqu'à l'horizon 2050, l'ensemble sahélien — tel qu'ici défini — aura une population de l'ordre de 232 millions d'habitants ; légèrement inférieure à celle du Brésil qui, en 2050, aura une population de 238 millions d'habitants. De

---

[26] Les pays du Maghreb étant les cinq membres de l'UMA et ceux d'Europe du Sud les cinq de la « façade méditerranéenne » — Portugal, Espagne, France, Italie et Malte — les pays du Sahel, ici retenus, sont les suivants : Sénégal, Mali, Niger, Burkina Faso et Tchad. Dans ce texte, toutes les données relatives à la population sont extraites du document suivant : United Nations, Department of Economic and Social Affairs, Population Division, *World Population Prospects, Key findings and advance tables, 2015 Revision* ; par ailleurs, elles correspondent à l'hypothèse moyenne de croissance de la population.

toute évidence, dans l'ensemble de l'espace sahélien, en raison, d'une part du rythme extrêmement élevé de croissance de la population et de l'autre, des faibles capacités des environnements, économies et sociétés directement impliqués, de très nombreux équilibres sur lesquels les sociétés des pays concernés ont été longtemps fondées courent le risque majeur d'être — au mieux, progressivement ; plus probablement, brutalement — remis en cause dans un processus de polycrise régionale protéiforme dont la réelle prise en charge dépasse nettement les seules capacités des pays sahéliens. Et qui, nécessairement, devra faire face à d'importants mouvements de population — dont une partie très significative de flux en direction du Nord (Maghreb et Europe) — face auxquels, ainsi qu'aux problèmes internes qui les auront générés, la nécessité s'imposera d'une coopération étroite entre les trois ensembles directement concernés : UE, UMA et pays du Sahel[27].

10. Le second espace — eurafricain — entendu au sens de l'UE et de l'Union Africaine (UA) dont les pays de l'UMA, bien sûr – viserait plutôt à prendre en charge des logiques de positionnement relatif eu égard aux tendances lourdes structurant l'économie mondiale et qui, toutes, d'une manière ou d'une autre, interpellent directement tant

---

[27] Face à la dégradation de la situation sécuritaire sur leur territoire, depuis 2014, cinq pays sahéliens ont mis en place une structure commune — le « *G5 Sahel* » ou « *G5S* » — afin d'assurer entre eux la coordination nécessaire en matière de politiques de développement et de sécurité : Mauritanie, Mali, Burkina Faso, Niger et Tchad. Ceci dit, comme déjà indiqué, la Mauritanie appartient à l'UMA ; le Tchad à la Communauté économique et Monétaire de l'Afrique centrale (CEMAC) et les 3 autres pays à la Communauté Economique des États de l'Afrique de l'Ouest (CEDEAO). Par ailleurs il convient de mentionner une organisation interétatique « *Communauté des États sahélo-sahariens* » *(CEN-SAD)*, initiée par la Libye en 1998, et qui, formellement, existe toujours.

l'Europe — surtout en tant qu'elle est l'un des pôles mondiaux actuels — que l'Afrique. En effet, face aux dynamismes — déjà en cours et, certainement, à venir — à l'œuvre en Asie, en Amérique, ainsi que dans le très vaste espace de l'Océan Pacifique qu'elles ont en commun, l'Europe et l'Afrique pourraient, toutes deux, connaître un processus de marginalisation, probablement déjà amorcé et risquant même de progressivement s'accentuer. Dès lors — *mutatis mutandis* — elles ont intérêt à coopérer selon une approche s'inspirant des évolutions qui, notamment à partir des années 1960, ont animé le pôle mondial asiatique – exemple de loin le plus typique et probant ce type de problématique – et finalement généré les *« dragons »*, puis les *« tigres »* asiatiques et ce, en liaison avec les dynamiques émanant, d'abord, du Japon, puis de la Chine.[28] Ceci dit, pour être réalistes, de telles perspectives doivent absolument tenir compte, d'une part des réalités actuelles des économies subsahariennes, **puisqu'**exprimé en parité de pouvoir d'achat (PPA) en US dollars, le PIB de l'Afrique subsaharienne en 2017 est estimé comme étant légèrement inférieur à celui de la « seule » Allemagne, de l'ordre de 4 000 milliards de US dollars. Et, d'autre part, **des** dynamiques démographiques africaines dont les chiffres parlent d'eux-mêmes et doivent être appréciés à leur juste valeur : en 2050, l'Afrique aura une population totale de l'ordre de 2,5 milliards d'habitants ; dont environ 2,2 milliards pour la seule Afrique subsaharienne ; et qui, à cet horizon, à elle seule, aura plus d'habitants que l'Europe,

---

[28] Logiques de diffusion Nord-Sud dont il a été rendu compte selon diverses formules dont, notamment, celle du *« paradigme du vol des oies sauvages »*, forgée, dès les années 1930, par l'économiste japonais Kaname Akamatsu, procédant fondamentalement des principes énoncés par la *« théorie des avantages comparatifs »* et qui connaîtra une bien plus large diffusion dans les années 1960.

l'Amérique (du Nord et du Sud) et l'Océanie réunies qui n'en regrouperont sensiblement qu'1,9 milliards. En outre, sur les 2,4 milliards d'habitants supplémentaires que comptera le monde entre 2015 et 2050, 1,3 milliards seront des Africains, pour l'essentiel subsahariens ; l'Asie n'en fournissant « que » 0,9 milliards. Or, si la population peut incontestablement constituer un atout, notamment en termes de disponibilité de main-d'œuvre et de marché, il faut être conscient de ce qu'elle peut également devenir, en raison d'un rythme exceptionnellement élevé de sa croissance, une forte contrainte pour toute approche visant à établir de réelles dynamiques de coopération entre les deux continents.

11. En tout état de cause, quels que soient la nature et le niveau de la coopération que l'Europe veut construire avec « son » Sud — ou, inversement, l'Afrique avec son « Nord » — dans tous les cas de figure, les pays de l'UMA, pour au moins deux raisons essentielles — leur positionnement géographique et leur relatif potentiel économique — apparaissent clairement comme des partenaires absolument incontournables. La première s'impose de toute évidence, puisqu'autant leur double façade maritime — atlantique et méditerranéenne — que leur profondeur stratégique saharienne font d'eux des interfaces essentielles dans, à la fois, la prise en charge de nombreux problèmes à résoudre — à commencer par ceux que génèrent les mouvements de population — et la mise en place et l'exécution de processus de coopération visant à mieux en maîtriser les conséquences. La seconde est liée à leur potentiel économique qui, malgré les déficits qui peuvent le caractériser et déjà évoqués, est tout de même supérieur à celui de la plupart des pays d'Afrique subsaharienne. Et dans lesquels, précisément, devront être initiés des processus de coopération bilatéraux (pays de l'UMA-Sahel ou pays de l'UMA-autres pays subsahariens

que sahéliens) ou bien trilatéraux (UE - pays de l'UMA - pays subsahariens, sahéliens ou non), dans le cadre de projets définis après concertation préalable et qui, d'une manière ou d'une autre, supposent de repenser les conditions de définition et mise en œuvre de l'Aide Publique au Développement (APD), fournie aux pays subsahariens par les différentes sources existantes; européennes ou autres.

12. Au final, le bilan des relations euromaghrébines apparaît comme plutôt mitigé et ce, notamment dans la mesure où, de toute évidence, de grands écarts continuent d'exister entre les niveaux de développement économique, social et culturel des deux espaces concernés et qui, ipso facto, entretiennent entre eux une asymétrie de nature systémique. En fait, malgré les nombreux cadres de coopération définis entre l'UE et les pays de l'UMA, leurs limites, tout comme celles des engagements réels des entreprises européennes, en termes d'Investissements Directs Etrangers (IDE) dans les pays maghrébins, montrent bien que, d'une manière ou d'une autre, divers types de blocage persistent. En dernière analyse, il est clair que, contrairement au pôle asiatique, surtout, et au pôle américain, à bien des égards, l'Union européenne, en tant qu'autre pôle dominant de l'économie mondiale n'aura pas su – ou pas pu ou pas voulu, peut-être – enclencher dans « son » Sud des dynamiques positives similaires — ou, pour le moins, proches — de celles que ses concurrents, asiatique et américain, pour leur part, auront réussi à initier dans le « leur »[29]. Tout comme, en sens inverse, il est possible d'affirmer que les pays maghrébins, eux non plus, n'ont pas su — ou pas pu ou pas voulu,

---

[29] Dans ce sens, aujourd'hui, l'une des illustrations les plus évidentes de ce type de stratégie est certainement le projet chinois de *« nouvelle route de la soie »*, désormais connu selon son acronyme en anglais, *« OBOR »* (*« one belt and one road »*).

peut-être — profiter de l'indéniable atout que constitue leur immédiate proximité d'un des grands pôles de l'économie mondiale — l'Union européenne, « leur » Nord immédiat — pour sérieusement enclencher les processus endogènes leur permettant de s'inscrire de manière structurelle dans de réelles stratégies de croissance et, surtout, de développement. Car, évidemment, il ne saurait être question de rejeter toute la responsabilité du constat d'échec sur une seule des deux parties — l'européenne — en dédouanant totalement l'autre — la maghrébine — tant sont évidents les nombreux facteurs endogènes qui sont imputables à cette dernière et dont certains ont pu — trop brièvement — être évoqués ; à commencer par l'échec patent et aux immenses conséquences négatives pour toute la région du processus d'intégration économique du Maghreb.

13. Facteurs endogènes déterminants qui pèsent avec d'autant plus de poids sur les perspectives des pays du Maghreb, qu'ils ont depuis longtemps déjà contribué à hypothéquer, qu'actuellement deux *« plaques tectoniques »* significatives des évolutions géopolitiques mondiales commencent à y faire sentir, de plus en plus nettement, leurs logiques, avec les risques, menaces et chocs potentiels dont elles sont porteuses. La première, plutôt ancienne, depuis longtemps à l'œuvre, puisque « conceptualisée », dès les années 1970 déjà, aux États-Unis notamment, et toujours active pour rendre compte de certaines réalités, est celle dont continue d'être porteuse la notion *« d'arc de crise »*. Qui couvre un vaste espace allant du Maghreb, précisément, au Moyen-Orient et s'étendant jusqu'à l'Afghanistan, voire l'Indonésie et qui représente — à l'exception notable de quelques pays, eux-mêmes soumis à de fortes contraintes internes et externes — une vaste zone d'instabilité de plus en plus chronique, en raison, à la fois, de la persistance de déséquilibres

économiques et sociaux importants et d'actions conduites par des groupes terroristes islamistes y entretenant régulièrement des niveaux significatifs de violence. D'ailleurs, de ce point de vue, l'extrême gravité de la crise en cours en Libye ne peut que conforter — en les illustrant — la validité des hypothèses fondatrices de la notion *« d'arc de crise »*. La seconde, plus récente, procède fondamentalement des évolutions déjà en cours dans les pays du Sahel proches[30] et qui, en raison, d'une part, du rythme extrêmement élevé de croissance de leur population et, de l'autre, des faibles capacités de résilience de leurs sociétés, économies, institutions et environnements, risquent de connaître progressivement des épisodes de crise de plus en plus aigus et pouvant y conduire à une instabilité chronique dont les effets négatifs, dans un contexte de très grande porosité des frontières entre pays sahéliens et maghrébins[31], ne pourront être que directement ressentis dans les sociétés maghrébines elles-mêmes.

C'est dire combien, en raison de l'élargissement et de la complexification de la gamme des défis qu'ils doivent relever ensemble — tout particulièrement ceux liés aux problèmes posés par les perspectives des pays d'Afrique subsaharienne — les relations entre les pays de l'UE et ceux de l'UMA, de fait, aujourd'hui, entrent dans une nouvelle phase de leur histoire.

---

[30] Il est également de plus en plus souvent fait recours à la notion, aussi ambiguë qu'hétérogène, de *« bande sahélo-saharienne »* (BSS).
[31] Et d'existence déjà établie de nombreuses *« zones grises »* correspondant, pour l'essentiel, à des espaces dans lesquels l'influence réelle de l'État censé y exercer son autorité est plutôt faible.

Brexit : l'Union européenne et les trois dossiers-clés de la négociation

Marie-Claude Esposito,
Université de la Sorbonne nouvelle

Le 29 mars 2017, le Premier ministre britannique Theresa May a notifié formellement au Conseil européen de l'Union européenne (UE) la décision du Royaume-Uni (RU) de quitter l'UE, enclenchant la procédure du *Brexit*. Voté, lors du referendum du 23 juin 2016, à 51,9 % des suffrages exprimés, et avec une large participation des électeurs britanniques (72,2 %), celui-ci avait déclenché un séisme outre-Manche, en révélant un Royaume-Uni profondément divisé, et plusieurs lignes de fracture socioéconomiques et géographiques : un clivage intergénérationnel, les moins de 50 ans ayant largement voté pour le *remain*, c'est-à-dire pour rester dans l'Union européenne (75 % chez les 18-24 ans et 56 % chez les 25-49 ans), pendant que l'électorat plus âgé choisissait le *Brexit* (56 % chez les 50-64 ans et 61 % chez les 65 ans et plus) ; un clivage lié à la formation, les titulaires d'un diplôme universitaire ayant voté pour le *remain* (71 %), alors que ceux qui n'avaient qu'un diplôme d'études secondaires votaient pour le Brexit (66 %) ; des clivages régionaux − l'Angleterre et le Pays de Galles ayant voté pour le *Brexit* (53,4 % et 52,5 %), pendant que Londres, l'Écosse et l'Irlande du Nord votaient contre (62 % et 55,8 %) — ces clivages correspondant à une autre fracture : celle entre les gagnants et les perdants de l'insertion du RU dans l'Union européenne, l'Écosse et l'Irlande du Nord ayant largement bénéficié des fonds européens.

Du côté de l'Union européenne, la décision britannique de quitter l'UE fit tout d'un coup prendre conscience aux 27 autres États membres, confrontés eux aussi à la progression de partis populistes, que l'option « quitter l'UE » était possible, que l'effet domino n'était pas à exclure – d'autres États pouvant décider de renégocier les termes de leur adhésion, voire même de quitter l'UE – qu'ils se trouvaient au pied du mur pour choisir collectivement leur avenir post-*Brexit*, mais qu'à court terme, il leur fallait organiser au mieux le départ du Royaume-Uni, dès lors que celui-ci aurait lancé officiellement le processus de sortie de l'Union européenne.

Huit mois fertiles en rebondissements au plus haut niveau de l'État furent nécessaires au gouvernement britannique, avant qu'il déclenche officiellement le processus activant l'article 50 du Traité sur l'Union européenne, et mette fin au premier acte d'une pièce de théâtre, qui a pu faire penser à une mauvaise farce, où la confusion régnait en maître, et dont les épisodes les plus marquants seront repérés dans la première partie de cet article. Une période de négociation de deux ans, dont l'issue reste incertaine, est désormais ouverte entre le Royaume-Uni et l'Union européenne. La seconde partie fera le point sur la procédure de divorce telle qu'elle se présente au moment de l'ouverture des négociations.

1. Du référendum au déclenchement du *Brexit*

Dès le lendemain du référendum, le Premier ministre David Cameron, qui avait fait campagne pour que le RU ne quitte pas l'UE, annonça qu'il démissionnerait pour laisser à son successeur les coudées franches pour négocier le *Brexit*, tout en précisant que sa démission n'interviendrait pas avant trois mois, c'est-à-dire avant le congrès du parti conservateur devant se tenir à l'automne.

D'ici là, celui-ci se serait doté d'un nouveau *leader*, et d'aucuns s'attendaient à ce que Boris Johnson, l'ancien maire de Londres qui avait mené la campagne en faveur du *Brexit*, brigue la fonction. Mais son renoncement[32], et les manœuvres qui s'ensuivirent, redistribuèrent les cartes, et c'est finalement Theresa May, l'ancienne ministre de l'Intérieur du gouvernement Cameron, qui sortit victorieuse de la compétition le 11 juillet 2016[33]. Cameron décida alors de démissionner ; et le 13 juillet, la Reine d'Angleterre nomma Theresa May à la tête du gouvernement britannique et lui demanda de former un nouveau gouvernement.

S'ouvrit alors une période d'incertitude et de confusion, née de l'absence de stratégie claire, renforcée par la tautologie du nouveau Premier ministre britannique exprimée le 11 juillet 2016 : « le *Brexit* c'est le *Brexit* », Theresa May étant pendant plusieurs mois peu diserte sur la question, afin d'éviter le déchirement du parti conservateur et de garder toutes les cartes en main avant le début des négociations avec l'UE. Le 16 octobre 2010, le *Sunday Times* révéla le double jeu de Boris Johnson, qui était favorable à ce que le Royaume-Uni reste dans l'Union européenne deux mois avant le référendum. Le 3 novembre 2016, la Haute Cour de Justice imposa au gouvernement britannique de consulter le Parlement, autrement dit la Chambre des Communes et la Chambre des Lords, avant de déclencher la procédure de sortie du

---

[32] Celui-ci fit suite à la trahison de son ami Michael Gove qui annonça sa candidature au *leadership* du parti conservateur, alors qu'il avait répété pendant des années que ce poste ne l'intéressait pas, et qu'il était prévu un ticket Boris Johnson Premier ministre et Michael Gove chancelier de l'Échiquier.

[33] Pour plus de détails, voir Stéphane Porion, « Maggie May : "Faites volte-face si vous voulez, la Dame est déterminée à ne pas le faire, elle veut un Brexit de fer" », in Michel Korinman, Brexit !, *Revue Outre*, n° 49, avril 2017, p. 198-199.

Royaume-Uni de l'Union européenne, alors que le gouvernement voulait s'en dispenser. Celui-ci décida alors de faire appel auprès de la Cour suprême, la plus haute juridiction du Royaume-Uni, en argumentant que la décision de quitter l'UE était une « prérogative royale », c'est-à-dire une prérogative de l'exécutif et non du parlement. Le 7 novembre, la fuite d'une note confidentielle qui fut publiée dans le *Times*, évoquait les dissensions concernant le *Brexit* entre les partisans d'une ligne dure — celle des trois ministres Boris Johnson, ministre des Affaires étrangères, David Davis, responsable du dossier de la sortie de l'UE, et Liam Fox, ministre du Commerce international — et celle de ministres plus modérés comme Philip Hammond, le chancelier de l'Échiquier, Greg Clark, le ministre de l'Industrie, et Amber Rudd la ministre de l'Intérieur. Fin novembre, nouvelle fuite dans la presse britannique, qui parvint à photographier des notes confidentielles de l'attachée parlementaire du député conservateur Mark Field du quartier de la *City* responsable des questions internationales, révélant que le RU voulait « avoir le beurre et l'argent du beurre », c'est-à-dire fermer ses frontières et garder un accès au Marché unique, et qu'il considérait que la France serait le pays le plus difficile durant les négociations[34]. Et même si le démenti du gouvernement ne se fit pas attendre, le Premier ministre du Luxembourg Xavier Bettel ne tarda pas à rappeler, dans un entretien à l'AFP, que le *Brexit* ne serait pas un menu à la carte[35], répétant ce qu'avaient dit les dirigeants

---

[34] Europe 1, « Brexit : le plan (secret) des Britanniques dévoilé par erreur ? », 29 novembre 2016,
<http://www.europe1.fr/international/brexit-le-plan-secret-des-britanniques-devoile-2914232>, consulté le 10 février 2017.
[35] Le Point international, « Brexit : Londres ne peut pas "avoir le beurre et l'argent du beurre" », *Le Point international*, 29 novembre 2016,

européens dès le sommet européen qui se tint à Bruxelles le 29 juin 2016 : pas d'accès au marché intérieur, si on ne respecte pas les quatre libertés de circulation, des biens, des capitaux, des services et des personnes. Le 3 janvier, l'ambassadeur britannique auprès de l'UE, Ivan Rogers, qui avait dénoncé le manque d'expérience du côté britannique pour la négociation à venir, et fait savoir que le RU ne pourrait sans doute pas conclure d'accord commercial avec l'UE avant le milieu des années 2020, ce qui avait fortement déplu aux tenants du *Brexit*, et en particulier à David Davis, quitta son poste avec fracas. La démission inattendue de ce haut fonctionnaire – apprécié à Bruxelles pour son expertise concernant les dossiers européens – en raison de désaccords profonds avec l'équipe chargée du dossier *Brexit* – ne manqua pas de raviver les tensions entre pro et anti *Brexit*, contraignant le Premier ministre à agir vite : le lendemain Ivan Rogers était remplacé par Sir Tim Barrow, diplomate de carrière qui avait occupé le poste de premier secrétaire à la Représentation britannique à Bruxelles.

À cette cascade de rebondissements, il convient de rajouter le flou du projet du Premier ministre, dont on ne savait qu'une chose : le déclenchement de la procédure aurait lieu avant la fin du mois de mars 2017, et ce jusqu'au long discours du 17 janvier 2017, qui clarifia en partie la situation, Theresa May se prononçant pour un « *Brexit* dur », c'est-à-dire une rupture nette avec l'UE, sans garder « un pied dedans, un pied dehors », ou dit autrement sans conserver « certains éléments propres aux États-membres »[36]. Et d'expliquer que le RU voulait

---

<http://www.lepoint.fr/monde/brexit-londres-ne-peut-pas-avoir-le-beurre-et-l-argent-du-beurre-29-11-2016-2086564_24.php>, consulté le 10 février 2017.

[36] Theresa May, « Theresa May's Brexit Speech », *Independent,* 17 January 2017,

contrôler ses frontières et l'immigration, quitter le Marché unique et l'union douanière pour recouvrer la liberté de négocier des accords commerciaux comme il l'entendait, qu'il voulait s'affranchir de la tutelle de la Cour de Justice de l'Union européenne (CJUE), et qu'il entendait négocier un accord de libre-échange avec l'UE, sans droits de douane, et des accords de libre-échange avec d'autres pays tiers, en particulier avec les pays du Commonwealth et les États-Unis, et revendiquait une période de transition avec l'UE, et une « mise en œuvre par étapes » d'un accord « pour éviter un changement trop brutal et déstabilisant »[37]. L'objectif affiché était de construire une Grande-Bretagne globale, « a truly global Britain », insérée dans la mondialisation grâce à un réseau d'accords bilatéraux avec les pays de l'« Anglosphère » et les pays émergents à fort potentiel de croissance. Les douze points du discours du Premier ministre, allaient être repris dans le Livre blanc du 2 février 2017, qui réaffirma que le *Brexit* serait « dur », Theresa May, préférant, comme elle l'avait clairement dit dans son discours, aucun accord avec l'UE, plutôt qu'un mauvais accord.

Le fait que la Cour suprême, dans sa décision du 24 janvier 2017, ait imposé au gouvernement britannique que le Parlement de Westminster approuve, par un vote, le déclenchement du *Brexit*, c'est-à-dire l'activation de l'article 50, s'il vint compliquer le processus pour le gouvernement britannique, eut le mérite de remettre le Parlement dans le jeu – il aurait été à tout le moins surprenant, pour ne pas dire paradoxal, que le gouvernement britannique puisse se dispenser d'un tel vote, alors qu'un des enjeux du *Brexit* était précisément de

---

<http://www.independent.co.uk/news/uk/home-news/full-text-theresa-may-brexit-speech-global-britain-eu-european-union-latest-a7531361.html>, consulté le 10 février 2017.
[37] *Ibid.*

restaurer la souveraineté du Parlement de Westminster – mais donna les coudées plus franches au gouvernement, la Cour suprême estimant que les relations entre le RU et l'UE relevaient du seul Parlement de Westminster, ce qui signifiait que les institutions dévolues (Parlement écossais, et Assemblées régionales du Pays de Galles et de l'Irlande du Nord) n'avaient pas à être consultées.

Ne voulant pas s'opposer à la légitimité du vote du référendum, la Chambre des Communes vota, le 1er février, le déclenchement de la procédure du *Brexit*, par 498 voix contre 114. Si la Chambre des Lords, non élue, parvint à retarder temporairement le processus, en adoptant un amendement visant à protéger les droits des citoyens européens vivant au Royaume-Uni depuis plus de cinq ans, puis un second amendement demandant à ce qu'il y ait un vote du parlement sur le résultat des négociations avec l'Union européenne, amendements qui furent repoussés par la Chambre des Communes, elle finit, elle aussi, par adopter le 13 mars le texte de loi permettant au gouvernement de déclencher la procédure du *Brexit*.

Le 29 mars 2017, Theresa May pouvait notifier formellement au Conseil européen de l'Union européenne la décision du RU de quitter l'UE. Deux jours plus tard, soit le 31 mars, le président du Conseil européen, Donald Tusk, présentait aux 27 autres États membres les principes directeurs que l'UE entendait suivre durant les deux années d'une négociation s'annonçant difficile entre le RU et les 27, principes qui furent validés lors du sommet européen du 29 avril 2017, durant lequel les 27 affichèrent une unité sans faille.

Dernier coup de théâtre : l'annonce d'élections anticipées au RU qui auront lieu le 8 juin 2017, Theresa May, qui avait exclu cette hypothèse à plusieurs reprises, estimant sans doute qu'une majorité plus confortable lui permettra d'avoir davantage de poids dans la négociation avec l'Union européenne dont les membres se montrent plus unis qu'elle ne l'avait anticipé ; mais on peut se demander si ces élections ne risquent pas de renforcer les disparités entre les quatre nations du Royaume-Uni et les forces séparatistes présentes en Écosse et en Irlande du Nord, ce qui viendrait encore compliquer des négociations qui s'annoncent difficiles. Du côté de l'Union européenne, on considère que ces élections ne modifient en rien le calendrier, et le président de la Commission a annoncé que les négociations débuteraient après le 8 juin.

2. Quitter les institutions de l'Union européenne

Après neuf mois fertiles en rebondissements, le *Brexit* entre dans une nouvelle phase. D'un point de vue institutionnel, la procédure de divorce est régie par l'article 50 du Traité sur l'Union européenne (TUE), qui ne prévoit que des conditions procédurales. Au point 2 de cet article, il est écrit « L'État membre qui décide de se retirer notifie son intention au Conseil européen. (…) l'Union négocie et conclut avec cet État un accord fixant les modalités de son retrait, en tenant compte du cadre de ses relations futures avec l'Union ». Cette formulation vague laisse une place à l'interprétation sur laquelle il sera bon de revenir.

Les deux parties ont deux ans pour signer un accord. Si aucun accord n'est signé, la sortie du RU de l'UE sera automatique, « (…) sauf si le Conseil européen, en accord avec l'État membre concerné, décide à l'unanimité de proroger ce délai ». C'est le Conseil de l'Union européenne qui approuvera l'accord à la majorité qualifiée. Le Parlement européen n'a pas de rôle formel dans le processus de négociation, mais sera tenu informé de son évolution. À l'issue de la procédure, il approuvera ou il rejettera l'accord à la majorité de ses membres. Une question se pose à ce niveau : celle des parlementaires britanniques.

Le dernier point de l'article 50 stipule : « Si l'État qui s'est retiré de l'Union demande à adhérer à nouveau, sa demande est soumise à la procédure visée à l'article 49 ».

La Commission européenne a annoncé, le 14 septembre 2016, la mise en place de son équipe de négociateurs dirigée par le Français Michel Barnier, ancien commissaire européen, aidé par Sabine Weyand, haut fonctionnaire allemande en poste à la Commission depuis 23 ans. Ils sont à la tête d'une *task force* de trente personnes composée de juristes, d'experts, et d'économistes venant de quatorze pays de l'Union et rompus aux négociations compliquées. Du côté britannique, David Davis, le ministre du *Brexit*, eurosceptique convaincu, conduira l'équipe de négociateurs au nom de Theresa May, qui sera conseillée par Oliver Robbins, haut fonctionnaire britannique réputé pour son impartialité, avec qui le Premier ministre a déjà travaillé quand elle était à la tête du ministère de l'Intérieur, et qui fut conseiller de Tony Blair et Gordon Brown. Le troisième homme clé sera Sir Tim Barrow, en poste à Bruxelles depuis la démission d'Ivan Rogers, et qui assurera la liaison entre Bruxelles et Londres. Si le ministre des Affaires étrangères Boris Johnson ne fait pas formellement partie de l'équipe, on peut néanmoins supposer, compte-tenu de son franc-parler, que, dans les coulisses, il jouera un rôle non négligeable.

Dans la lettre adressée au président du Conseil européen, Donald Tusk, Theresa May a suggéré 7 principes pour que la négociation puisse être menée à bien. Le 3e principe énonce que Londres espère négocier les conditions de la sortie du RU de l'UE et, en parallèle, les termes du partenariat futur entre le RU et l'UE. D'après le 4e principe, Theresa May espère que les deux parties pourront rapidement arriver à un accord sur une période de transition qui débuterait à l'issue des deux années, afin d'éviter une rupture brutale en 2019 préjudiciable pour les investisseurs, les entreprises et les citoyens des deux côtés de la Manche.

Du côté de l'UE, les choses ne sont pas vues de la même façon, et maintenant que la procédure est déclenchée, c'est l'UE qui est maître du calendrier. Dans le document de 9 pages soumis par Donald Tusk aux 27 États membres, document qui reprend les principes exprimés par Michel Barnier et les principaux *leaders* européens, il est précisé :

– « (…) qu'il n'y aura pas de négociations séparées entre le Royaume-Uni et des États membres », ce qui paraît logique, puisque c'est le Conseil européen qui doit signer l'accord final. L'avenir dira si la volonté des 27 de rester unis résistera durant la négociation ;

– que « Les négociations sur l'article 50 seront menées comme un paquet unique, en accord avec le principe que "(…) il n'y a d'accord sur rien tant qu'il n'y a pas d'accord sur tout" ». Cela signifie que l'UE refuse, afin de préserver l'intégrité du Marché unique, que la négociation se fasse secteur par secteur, modalité envisagée par le RU ;

– que la négociation sera menée en deux temps. Les discussions devront régler les conditions de la sortie du RU et porteront sur trois problèmes : 1) le devenir des citoyens européens installés au RU, et celui des citoyens britanniques installés dans les 27 autres États membres ; 2) le chèque que devra signer le RU au moment de quitter l'UE, et 3) la question de la frontière entre l'Irlande et le RU. Ce n'est qu'une fois que les deux parties seront parvenues à un accord sur ces trois points, qu'il sera possible de discuter de la future relation entre l'UE et le RU. Dans ce domaine, le document du Conseil européen évoque des « dispositions transitoires » « encadrées par des mécanismes de régulation », qui pourraient être mises en œuvre durant la période entre la sortie officielle du RU de l'UE et l'accord commercial définitif négocié par les deux parties. Cet accord transitoire (probablement sous le contrôle de la CJUE) permettrait au RU de rester membre de l'UE le temps de négocier l'accord commercial définitif.

3. Les trois questions à régler avant la négociation d'un accord commercial post-*Brexit*

Trouver une solution aux trois premiers problèmes va soulever des difficultés considérables.

1) Le statut des expatriés. Dès son arrivée au 10 Downing Street, Theresa May s'est engagée à garantir les droits des Européens installés au RU, à condition qu'il y ait réciprocité pour les Britanniques vivant dans les 27 pays de l'UE. Elle est restée ferme sur cette position, en dépit des pressions venant de son propre camp et d'une certaine presse. Du côté de l'UE, Michel Barnier considère que la priorité absolue est de garantir les droits des 3 millions de Continentaux installés au RU et du million de Britanniques résidant sur le Continent, qu'il s'agisse « des droits de résidence, de l'accès au marché du travail, des droits de retraite ou de sécurité sociale, ou encore de l'accès à l'éducation ». L'état d'esprit des deux parties pourrait laisser espérer qu'un accord soit trouvé relativement rapidement. Mais le statut des expatriés soulève des problèmes juridiques d'une grande complexité, qui seront très difficiles à régler.

2) La facture à payer. Londres va récupérer quelques milliards d'euros par an, en cessant de contribuer au budget européen. À l'heure actuelle, la contribution du RU au budget européen est de 17 milliards, et il reçoit 7 milliards en retour. Ceci est à mettre en relation avec les engagements pris par le RU pour la période

budgétaire 2014-2020 (comme les fonds structurels, les fonds de cohésion, les garanties de prêts). Certaines dépenses vont au-delà de 2019 qui est la date prévue de la sortie du RU (comme Le plan Juncker, le programme Galileo de géolocalisation, les retraites des fonctionnaires européens de nationalité britannique, etc.). Ces engagements sont évalués autour de 60 milliards d'euros par l'UE. De ce passif, il faudra déduire le montant des actifs détenus par le RU sur l'UE (remise annuelle sur le budget européen, bâtiments communautaires). Ce dossier, très complexe d'un point de vue comptable, est ultrasensible d'un point de vue politique. Du côté britannique, le gouvernement devra justifier les sommes à payer auprès de ceux qui ont voté pour le *Brexit*, sachant qu'une des promesses faites durant la campagne du référendum était qu'en quittant l'UE le Royaume-Uni réaliserait une économie de 350 millions de livres par semaine, somme qui pourrait être allouée au National Health Service (le système de santé britannique). Du côté de l'UE, il n'est pas question de céder sur la note à payer pour solde de tout compte. Pour reprendre les termes de Michel Barnier : « Quand un pays quitte l'Union, il n'y a pas de punition, il n'y a pas de prix à payer pour partir, mais nous devons solder les comptes »[38]. L'agence de notation Standard & Poor's ayant fait savoir que la note financière de l'Union européenne pourrait être dégradée si le Royaume-Uni refusait de payer sa note[39], on peut

---

[38] Cédric Simon, « Brexit : la facture "salée" qui va envenimer les négociations », *Courrier Picard*, 29 mars 2017,
« http://www.courrier-picard.fr/20432/article/2017-03-29/brexit-la-facture-salee-qui-va-envenimer-les-negociations », consulté le 25 avril 2017.
[39] BusinessInsiderFrance, « Le refus britannique de payer la facture du Brexit à Bruxelles pourrait avoir un effet négatif inattendu sur l'UE », 12 avril 2017,

raisonnablement penser que l'UE restera ferme sur sa position, d'autant que le RU est un des contributeurs au budget européen et que son départ va représenter un choc budgétaire non négligeable pour l'UE.

3) La question de la frontière avec la République d'Irlande. En quittant l'Union européenne, le Royaume-Uni aura une frontière terrestre avec l'UE sur quelque 340 km entre l'Irlande du Nord (RU) et la République d'Irlande, cette dernière étant indépendante depuis 1921, et ayant adhéré à la Communauté économique européenne en 1973 en même temps que le RU.

Depuis avril 1998, l'Irlande du Nord connaît la paix, grâce aux accords du Vendredi Saint, qui ont mis fin à une guerre civile de vingt-neuf années entre les unionistes (majoritairement protestants), partisans de l'union avec le Royaume-Uni, et les nationalistes (majoritairement catholiques) revendiquant l'union avec l'Irlande. Si, dès le résultat du référendum, le Premier ministre d'Irlande du Nord, Alene Forster, s'est efforcé de relativiser les conséquences du *Brexit*, l'autre tête de l'exécutif, Martin McGuiness, a, au contraire, affirmé que le gouvernement britannique devait tenir compte de la volonté de la majorité des électeurs de l'Irlande du Nord, celle-ci souhaitant rester dans l'Union européenne, et plaidé, comme le Premier ministre de l'Écosse Nicola Sturgeon, pour l'organisation d'un référendum[40]. Grâce aux accords du Vendredi Saint, les Irlandais du Nord peuvent se rendre facilement en Irlande et, inversement, les citoyens de la République d'Irlande peuvent aller aisément en Irlande du Nord. La ligne de démarcation entre l'Irlande du Nord et l'Irlande est franchie tous les jours par environ 30 000

<http://www.businessinsider.fr/refus-londres-payer-brexit-affecterait-note-ue>, consulté le 25 avril 2017.
[40] Wesley Hutchinson, « La dimension irlandaise », in Michel Koriman, *op. cit.*, p. 155.

personnes. La frontière est invisible, les contrôles étant inexistants, les échanges sont faciles, à telle enseigne que les commerces frontaliers du nord acceptent l'euro, et même si le Royaume-Uni n'est plus le partenaire commercial exclusif de l'Irlande depuis son adhésion à l'UE, il reste son principal partenaire notamment pour l'agriculture et le tourisme. Les Nord-Irlandais redoutent que le *Brexit* se traduise par un retour des contrôles douaniers et des passeports avec l'Irlande, ce qui augmenterait l'isolement de la province britannique d'Irlande du Nord qui, de plus, bénéficie largement de l'aide des fonds européens notamment dans les zones frontalières (Fonds européen agricole de garantie, Fonds européen de développement régional, Fonds social européen). Mais plus grave, le *Brexit*, et le rétablissement de la frontière – celle-ci étant « un élément fondamental de l'imaginaire spatial des deux communautés »[41], chacune d'entre elles étant parvenue à « construire un récit qui lui permettait de raconter, et de vivre, la frontière à sa façon »[42] – pourrait relancer le conflit entre les partisans de l'union avec l'Irlande et les unionistes, en radicalisant de nouveau les groupes républicains en Irlande du Nord, et le Sinn Féin de l'autre côté de la frontière, qui lui aussi a réclamé un référendum pour l'unification de l'Ile dès le 24 juin 2016.

4. Négocier un nouvel accord commercial avec l'UE

Dans son discours du 17 janvier 2017, Theresa May a dit que le Royaume-Uni voulait quitter l'union douanière et le Marché unique, afin de pouvoir négocier ses propres accords commerciaux, qu'il ne voulait pas adopter un modèle existant déjà pour d'autres pays – ce qui exclut

---

[41] *Idem*, p. 159.
[42] *Idem*, p. 160.

l'option norvégienne ou l'option suisse, solutions envisagées par les commentateurs avant le référendum – mais souhaitait obtenir «(...) le meilleur accès possible grâce à un nouvel accord de libre-échange global, audacieux et ambitieux. Cet accord pourrait intégrer dans certains domaines des éléments des dispositions actuelles du Marché unique». Autrement dit, Theresa May veut négocier «un accord de libre-échange large et ambitieux avec l'Union européenne» qui permettrait au Royaume-Uni d'avoir le meilleur accès possible au Marché unique européen qu'il s'apprête à quitter.

Quitter l'union douanière implique, entre autres, que le RU renégocie tous les accords commerciaux signés par l'UE avec chacun des 162 États membres de l'OMC. De telles négociations dureront pendant des années. Dans le domaine de l'agriculture, il y aura des problèmes spécifiques liés aux quotas d'importation que l'UE a négociés avec les membres de l'OMC. Si les autres États membres refusent d'absorber la part des quotas des Britanniques, l'UE devra renégocier les quotas.

Quitter le marché unique implique de ne plus avoir accès au marché qui regroupe les 28 États membres de l'UE ainsi que la Norvège, l'Islande et le Liechtenstein, et où la libre circulation des biens, des personnes, des services et des capitaux est garantie. Pour l'Union européenne, ces «quatre libertés fondamentales», piliers du marché unique, ne sont pas négociables.

Un secteur qui risque d'être fortement touché par la perte de l'accès au marché unique, et ce n'est pas le seul, est le secteur financier[43], ce qui aura bien sûr des répercussions sur le reste de l'économie britannique, compte-tenu de son poids dans l'économie, en termes de revenu annuel, d'emplois et de rentrées fiscales. Pourtant,

---

[43] Voir Marie-Claude Esposito, «La City de Londres en attendant le Brexit», in Michel Korinman, *op. cit.*, p. 76-83.

Theresa May n'y a pas fait allusion dans son discours du 17 janvier 2017. Les pertes de ce secteur[44] pourraient atteindre 43,2 milliards d'euros de revenus (38 milliards de livres), entre 65 000 et 75 000 emplois, voire davantage[45], et la diminution des rentrées fiscales annuelles serait de 3 à 5 milliards de livres[46].Sortir du marché unique, c'est perdre le « passeport européen », ce sésame qui permet à tout établissement financier respectant les règles prudentielles d'un pays de l'UE d'exercer ses activités dans les autres États membres (application du principe de reconnaissance mutuelle). C'est grâce à ce « passeport » que les institutions financières installées dans la *City*, et notamment les américaines, les suisses et les japonaises, ont pu vendre leurs produits financiers dans toute l'Union européenne. Le terme « passeport » est une facilité de langage, car il existe en fait une série de « passeports » correspondant aux différentes activités soumises à une réglementation. 5 476 établissements financiers installés à Londres bénéficieraient d'un « passeport sortant » émis par le RU, qui leur permet de mener leurs activités dans le reste de

---

[44] Oliver Wyman, *The Impact of the UK's Exit from the EU on the UK-based Financial Services Sector,* 5 October 2016, p. 4, <http://www.oliverwyman.com/content/dam/oliver-wyman/global/en/2016/oct/Brexit_POV.PDF>, consulté le 8 décembre 2016.
[45] Delphine Cuny, « Brexit : 100.000 jobs à Londres menacés dans la compensation », *La Tribune*, 21 octobre 2016, <http://www.latribune.fr/entreprises-finance/banques-finance/brexit-100-000-jobs-a-londres-menaces-dans-la-compensation-609937.html>, consulté en décembre 2016.
[46] Oliver Wyman, *The Impact of the UK's Exit from the EU on the UK-based Financial Services Sector, op. cit.* Cette étude a été demandée par TheCityUK, organisme de promotion de la place financière de Londres, et transmise au gouvernement.

l'UE[47]. Pour conserver cet atout, elles peuvent décider de délocaliser une partie de leurs activités dans l'UE afin de garder un accès au Marché unique européen. Quant aux 8 008 institutions financières européennes, qui bénéficient d'un « passeport entrant » et ont créé des filiales à Londres pour profiter de l'écosystème financier de la *City*, elles peuvent également décider de rapatrier une partie de leurs activités dans leur pays d'origine.

La perte du passeport, conjuguée à une politique migratoire restrictive, risque d'entraîner délocalisations/relocalisations et des transferts d'emplois importants vers différents pays du continent européen. Goldman Sachs est intéressé par Frankfort, Citigroup, déjà bien implanté en Irlande, par Dublin[48], JP Morgan par Dublin, Francfort et Luxembourg[49], HSBC par Paris[50], deux grandes banques japonaises — Mitsubishi UFJ Financial Group et Mizuho Financial Group — par Amsterdam[51], pendant que BNP Paribas renforce ses équipes parisiennes au détriment de celles installées à

---

[47] John Glover, « Brexit Stakes for Banks Shown by Financial Passports », *Bloomberg*, 20 September 2016, <www.bloomberg.com/.../brexit-stakes-for-banks-revealed-in-single-market-passport-data>, consulté le 7 décembre 2016.
[48] Florentin Collomp, « L'attractivité du Royaume-Uni menacé par le flou de May », *Le Figaro*, 14 novembre 2006, p. 26
[49] Delphine Cuny, « Brexit : JP M déménagera à Dublin Frankfort, et… », *La Tribune*, 3 mai 2017, consulté le 4 mai 2017. http://www.latribune.fr/entreprises-finance/banques-finance/brexit-jp-morgan-demenagera-a-dublin-francfort-luxembourg-et-703334.html,
[50] Tim Wallace, « HSBC will only move jobs out of London in 'extreme' Brexit scenario », *The Telegraph,* 30 June 2016, <www.telegraph.co.uk/business/2016/06/30/hsbc-plays-down-chance-of-moving-1000-jobs-out-of-london-on-brex>, consulté le 12 juillet 2016.
[51] Florentin Collomp, « Theresa May tente de rassurer Wall Street, *Le Figaro*, 21 septembre 2016, p. 25.

Londres[52], et que la Deutsche Bank envisage de rapatrier certaines 2 000 emplois dans l'activité bancaire proprement dite et autant dans les fonctions de support vers la zone euro, et tout particulièrement en Allemagne[53] et renforce sa position sur le marché allemand[54].

Le *Brexit* aura également des conséquences sur les infrastructures de marché. La question de la localisation des chambres de compensation des produits financiers en euros, à l'origine de tensions au sein de l'UE pendant plusieurs années[55], est relancée depuis le référendum[56]. Dans un document portant sur la simplification des règles sur les produits financiers dérivés, la Commission a clairement fait savoir, le 4 mai, que les chambres de compensation d'importance systémique devaient être

---

[52] Florentin Collomp, « L'attractivité du Royaume-Uni menacé par le flou de May », *op. cit.*

[53] Julien Mivielle, « La City de Londres se prépare à des milliers de départ », *Le Temps*, 24 juin 2016, <https://www.letemps.ch/economie/2016/06/24/city-londres-se-prepare-milliers-departs>, consulté le 12 juillet 2016. Philippe Escande, « La City du protectionnisme aux délocalisations », 27 avril 2017, <http://www.lemonde.fr/economie/article/2017/04/27/la-city-du-protectionnisme-aux-delocalisations_5118620_3234.html>, consulté le 27 avril 2017.

[54] Thierry Lochern, « BNP Paribas se renforce en Allemagne, destination stratégique dans le sillage du Brexit », 5 janvier 2017, <news.efinancialcareers.com/fr-fr/269894/bnp-paribas-se-renforce-en-allemagne-destination-strategique-pour-2017>, consulté le 27 avril 2017.

[55] Voir Marie-Claude Esposito « La supervision du secteur financier britannique : les leçons de la crise de 2007-2008 et le pari risqué du Brexit pour la *City* », *Revue Française de Civilisation Britannique : Crise économique au Royaume-Uni aujourd'hui : causes et conséquences*, n° XXI-2, 2016.

[56] Voir Marie-Claude Esposito, « La City de Londres en attendant le Brexit », in Michel Korinman, *op. cit.*, p. 79-80.

localisées dans l'UE[57]. Même si pour le patron du London Stock Exchange (LSE), l'UE ne gagnerait rien en interdisant à la *City* de poursuivre son activité de compensation des produits dérivés libellés en euros – les flux financiers n'allant pas vers elle mais plutôt vers New York, car la centralisation des échanges permet de réaliser des économies d'échelle, et donc d'offrir des prix plus intéressants aux clients[58] – l'annonce de la Commission européenne est un avertissement à la *City* qui traite 75 % des volumes d'échanges de produits dérivés.

La question de la relocalisation de l'Autorité bancaire européenne (ABE) se pose également. Faisant partie du système européen de surveillance financière (SESF) mis en place à partir de janvier 2011, à la suite de la crise financière de 2007-2008, sa tâche principale est de veiller à la convergence des pratiques de surveillance des banques dans les différents pays de l'UE. Dès les résultats du référendum connus, des responsables européens ont demandé à ce que l'ABE quitte Londres. La France et Milan se sont positionnées pour l'accueillir.

Depuis le référendum, cinq villes européennes – Amsterdam, Dublin, Frankfort, Luxembourg et Paris – sont lancées dans une compétition pour récupérer les activités financières qui quitteront Londres, avec l'espoir de devenir la principale place financière de l'Union

---

[57] Delphine Cuny, « Brexit : Bruxelles veut relocaliser la compensation dans l'UE », *La Tribune,* 4 mai 2017, <http://webcache.googleusercontent.com/search?q=cache:-9mhdqcTWVgJ:www.latribune.fr/entreprises-finance/banques-finance/brexit-bruxelles-veut-relocaliser-la-compensation-dans-l-ue-704650.html+&cd=4&hl=fr&ct=clnk&gl=fr>, consulté le 5 mai 2017.

[58] Éric Albert, « Brexit : la City s'inquiète pour ses emplois », *Le Monde* 11 janvier 2017, < http://www.lemonde.fr/economie/article/2017/01/11/brexit-la-city-s-inquiete-pour-ses-emplois_5060853_3234.html >, consulté le 12 février 2017.

européenne[59]. S'il est peu probable que la *City* sorte indemne du *Brexit*, il serait toutefois déraisonnable d'avancer qu'elle en sortira totalement affaiblie, compte tenu de la capacité d'adaptation dont elle a su faire preuve tout au long de son histoire[60].

Conclusion

Les négociations vont être longues et difficiles. Des deux côtés, on bombe le torse depuis plusieurs mois, ce qui est normal avant une négociation d'une telle importance ; mais il faut espérer que la négociation ne quitte pas le champ du rationnel pour déborder dans celui de l'émotionnel.

Pour les pays membres de l'UE, il n'est pas question de remettre en cause les quatre libertés de circulation, ce qui paraît normal, puisqu'elles sont les piliers du Marché unique. Theresa May en a pris acte dans son discours du 17 janvier. Il n'est pas non plus question, pour les Européens, d'accéder à la demande de Theresa May qui veut négocier le partenariat futur en même temps que le retrait du RU de l'Union européenne. Les représentants des principaux États membres l'ont réaffirmé très fermement, lors du sommet européen du 29 avril, afin d'empêcher que le *Brexit* ne devienne une source de contagion exacerbant les sentiments nationalistes présents dans tous les pays de l'UE.

Du côté britannique, Theresa May, et c'est bien normal, va chercher à réduire le montant de la facture du *Brexit*. Sa

---

[59] Pour plus de détails, voir Marie-Claude Esposito, « La City de Londres en attendant le Brexit », in Michel Korinman, *op. cit.*, p. 81-83.
[60] Voir Marie-Claude Esposito, « L'irrésistible ascension de la place financière de Londres depuis le milieu des années 1950 », *Revue Outre-Terre*, n° 46 : « L'avenir économique du Monde Économie et géopolitique I », juillet 2016, p. 101-124.

volonté de construire une *global Britain*, terme répété douze fois dans son discours de janvier, alors que le mot « *City* » n'a pas été prononcé une seule fois, n'exclut pas l'Europe. Il en est de même pour la lettre envoyée au Conseil européen de l'Union européenne le 27 mars. Le RU paraît prêt à coopérer avec l'UE en matière de défense et de lutte contre le terrorisme, ce qui est dans son intérêt, même si Theresa May a brandi, en janvier, l'arme du *dumping* fiscal et de la dépréciation monétaire compétitive, si les Européens voulaient punir les Britanniques, puis a menacé, le 27 mars, que le RU ne participe plus à la sécurité de l'Europe si un accord commercial favorable au Royaume-Uni n'était pas négocié.

Reste que dans ce jeu de billard à bandes multiples, le cadre des futures relations entre l'UE et le RU ne sera pas facile à dessiner, et il semble évident que la situation du RU post *Brexit* ne pourra être meilleure que celle dont il a profité en étant membre de l'UE, et cela pour éviter le risque de contagion à d'autres États membres et la désintégration de l'Union européenne.

D'aucuns n'excluent pas, comme Hubert Védrine[61], l'ancien ministre des Affaires étrangères du Président Mitterrand, qu'il n'est pas impossible qu'étant donné la très grande complexité de la négociation, celle-ci n'aille pas jusqu'à son terme, et que le gouvernement britannique décide de retourner devant les électeurs pour revoir la question. En gardant en mémoire que les propos d'Hubert Védrine furent tenus avant que Theresa May prenne la décision d'élections anticipées, on ne peut s'empêcher de penser au rejet du traité de Nice en 2001 par les Irlandais, qui durent revoter en 2002, ou au rejet par les Français du texte constitutionnel en mai 2005, qui fut ensuite ratifié

---

[61] Public Sénat, Hubert Védrine, *Les matins du Sénat*, 11 janvier 2017, diffusé le 12 janvier 2017.

par la voie parlementaire, décisions qui eurent des effets ravageurs auprès des opinions publiques. Theresa May se lancera-t-elle dans le même déni de démocratie ? Cela paraît peu probable, dans la mesure où son discours et la manière dont elle a géré les choses jusqu'à présent tendent à montrer qu'elle a arbitré entre le déni de démocratie et le coût du *Brexit* pour son pays. L'avenir dira si le coût du *Brexit* a été estimé à son juste prix par le gouvernement britannique, et si celui-ci est prêt à le payer.

Les opinions françaises face au dilemme européen de la Grande-Bretagne
Etude comparée lors du référendum du 23 avril 1972 et lors du référendum sur le Brexit du 23 juin 2016.

Christine Manigand,
Université de la Sorbonne nouvelle

L'objet de cette contribution est de mener une étude comparative des opinions françaises à l'égard de la Grande Bretagne à deux moments clés de son aventure européenne : tout d'abord lors du référendum du 23 avril 1972 voulu par le président Georges Pompidou et portant sur l'élargissement des Communautés européennes (CE) à la Grande-Bretagne[62] et l'autre, lors du référendum sur le Brexit qui eut lieu le 23 juin 2016. Le premier organisé en France, se termina par la ratification de l'entrée de la Grande-Bretagne à une très faible majorité, le second organisé à l'initiative des Britanniques, se solda par leur départ de l'Union européenne.

En France, pour la première fois un référendum avait permis « aux citoyens d'autoriser la ratification d'un traité international et de se prononcer sur la construction européenne »[63], en Grande-Bretagne, il s'agissait de la seconde consultation puisque les Britanniques avaient déjà

---

[62] Mais aussi à l'Irlande, au Danemark et à la Norvège.
Pour une analyse plus détaillée, nous nous permettons de renvoyer à notre contribution « Le référendum du 23 avril 1972 : un risque mal calculé »? in *Les partis à l'épreuve de 68. L'émergence de nouveaux clivages 1971-1974*, Gilles Richard et Jacqueline Sainclivier (dir.), Rennes, PUR, 2012, p.173-185.
[63] Vincent Berger, *Monsieur Georges Pompidou et la construction de l'Europe (1969-1972)*, mémoire DES, Université de Paris II, 1973, p.1.

dû se prononcer, en juin 1975, pour ou contre leur maintien dans la Communauté européenne.

Les quarante années qui séparent ces événements sont propices à une réflexion permettant d'envisager des permanences, des continuités ou des ruptures. Si le référendum d'avril 1972 venait quelques mois après la signature à Bruxelles du traité d'adhésion de la Grande-Bretagne, le 22 janvier 1972, celui portant sur le départ ou non de la Grande-Bretagne de l'Union européenne avait été une promesse faite dès janvier 2013 par le Premier ministre David Cameron.

Dans les deux cas on peut constater que les raisons qui ont poussé le chef de l'Etat français, Georges Pompidou et le Premier ministre britannique sont fort complexes et que comme toujours dans les questions européennes, la part du national et de l'international est difficile à déterminer.

Pour Georges Pompidou, le pari semblait calculé et pourtant la prise de risque était grande. Il lui fallait consolider une majorité ouverte aux centristes pro-européens et dans l'opposition « enfoncer un coin entre socialistes et communistes, en négociation pour un programme commun de gouvernement, mais divisés sur l'Europe »[64]. Mais il fallait aussi pour Georges Pompidou obtenir un « brevet d'européisme »[65] pour se présenter face à ses partenaires avec une autorité et un prestige accrus lors du sommet européen d'octobre 1972 à Paris. La manœuvre qui semblait habile au départ se retourna contre son promoteur. En effet, le résultat fut décevant lors de cette consultation où le nombre de « oui » recueillit à peine 40% des inscrits, ce qui désappointa fortement le président de la République et eut des conséquences dans les décisions prises à l'intérieur comme à l'extérieur,

---

[64] Maurice Vaïsse, *La puissance ou l'influence ? La France dans le monde depuis 1958*, Paris, Fayard, 2009, p.117.
[65] *Ibidem.*

d'autant plus que la France fut le seul Etat des Six à utiliser la voie référendaire pour ratifier le traité d'élargissement. David Cameron quant à lui, tiraillé par les eurosceptiques nombreux au sein des tories et par la propagande de l'UKIP, multiplia les promesses de son parti de tenir un référendum avant la fin 2017 ; lorsque le parti conservateur obtient la majorité des sièges lors du scrutin de mai 2015, il s'y engagea mais seulement après avoir négocié un nouvel arrangement pour la Grande-Bretagne au sein de l'Union européenne (UE). Après la conclusion de l'accord, en février 2016, David Cameron tint une réunion de cabinet et annonça l'organisation d'un référendum pour le 23 juin 2016 tout en préconisant le maintien de son pays. Les résultats étant sans appel, David Cameron remit sa démission et expliqua qu'il reviendrait à son successeur de mener les négociations de sortie de son pays.

Dans les deux cas les manœuvres tacticiennes à des échelles différentes ont été très présentes et se sont retournées avec des intensités variables contre leur promoteur.

Les opinions des Français dans ces deux situations d'entrée dans les Communautés européennes (où ils sont acteurs directs) et de sortie de la Grande-Bretagne de l'UE (où ils réagissent) ne sont pas sans présenter sur le long terme des similitudes.

Une méfiance qui vient de loin

Il convient de partir des postulats connus des opinions des Français face à la construction européenne et plus particulièrement de leur position à l'égard de la Grande-Bretagne.

Une opinion « molle » face à l'Europe

Les Français ont manifesté une aspiration européenne profonde depuis les débuts de la construction européenne, mais elle fut peu mobilisatrice. Bien sûr, les Français ont été largement favorables à l'idée européenne, au principe de l'unification européenne et même au Marché commun, mais cet acquiescement fut largement de façade et ne constitua jamais une réelle priorité pour eux[66]. De même les Français ont été continûment favorables à l'entrée de la Grande-Bretagne dans le Marché commun en déplorant depuis le début des années 1950 son absence des structures communautaires et en insistant sur le déséquilibre continental induit pour la petite Europe. Dans les années 1960, l'extension du Marché commun à d'autres pays a toujours fait l'objet d'un consensus en France et la Grande-Bretagne a toujours figuré largement en tête des pays cités. La France pompidolienne a été beaucoup plus favorable que la France gaullienne, puisqu'en mars 1972 les Français y étaient à 66% favorables- ce qui constituait la proportion la plus élevée, 12% contre et 22% ne se prononçaient pas[67]. Toutefois, il faut regarder les réponses de plus près et ajouter des correctifs. En mai 1971, 55% des Français pensaient que l'entrée de la Grande-Bretagne était conforme aux intérêts français (17% qu'elle était contraire, 28% sans opinion), seulement 42% estimaient que l'Angleterre serait un partenaire loyal et un quart d'entre eux (24%) qu'elle s'efforcerait de prendre la tête du Marché commun[68]. Ces correctifs « apportés à l'assentiment dominant permettent

---

[66] Nous nous permettons de renvoyer pour une analyse plus détaillée à notre ouvrage, Anne Dulphy, Christine Manigand, *La France au risque de l'Europe,* Paris, Colin, L'Histoire au présent, 2006.
[67] *Sondages*, 1972, n°1 2, p.82.
[68] *Sondages, Ibidem.*

de qualifier l'attitude adoptée face à cette extension d'adhésion molle et suiviste »[69].

Or, conformément à ces données sur l'opinion, mais contrairement aux attentes du côté de la majorité présidentielle et du président Pompidou, « Les Français apportent un acquiescement mesuré plutôt qu'une franche adhésion à la construction de l'Europe, sous la présidence de Georges Pompidou »[70].

Des résultats décevants et complexes

Les résultats ne se révélèrent pas à la hauteur des espérances du président car si plus de 10 millions des Français se sont prononcés pour le « oui », le total ne représentait que seulement 36% des inscrits. Il y avait eu près de 40% d'abstentions et près de 7% de bulletins blancs ou nuls![71] Le record enregistré par l'abstention et le vote blanc ou nul, soit 46,6% des inscrits, tient sans doute eux consignes de vote données par le Parti socialiste, mais pas seulement.

L'indifférence des Français aux questions européennes s'est certainement manifestée à cette occasion. Quelques mois plus tard, le président français laissa percer son amertume lors d'une conférence de presse, en septembre 1972 : « Peut-être les Français auraient-ils pu aider la

---

[69] Anne Dulphy, Christine Manigand, « L'opinion publique française face aux élargissements, » *Cultures politiques, opinions publiques et intégration européenne* », Marie-Thérèse Bitsch, Wilfried Loth, Charles Barthel (dir.), Bruxelles, Bruylant, 2007, p. 128.
[70] Danièle Bahu-Leyser, « Les Français et l'Europe au temps de la présidence de Georges Pompidou », in *Georges Pompidou et l'Europe*, Bruxelles, Complexe, 1995, p. 625.
[71] Le « oui » l'emporta avec 67, 7 des suffrages exprimés mais représentant 36,11% des inscrits, le non totalisa 32,3% des suffrages exprimés et 17,2% des inscrits. Les abstentions atteignirent 39,55% des inscrits et les bulletins blancs ou nuls 7,1%.

politique de leur Gouvernement, mais enfin, on travaille avec ce qu'on a, et la France, ce n'est pas si mal » ! [72]

Les conséquences sont à étudier avec prudence. Les résultats plus que mitigés n'ont pas eu de retentissement direct sur la continuation du processus communautaire. La conférence de Paris, en octobre 1972, réunit bien pour la première fois les Six membres historiques et les trois nouveaux membres (Grande-Bretagne, Irlande et Danemark) pour définir le programme de la Communauté élargie à neuf membres, puisque la Norvège refusa quant à elle de ratifier le référendum d'élargissement. Ce fut en réalité la conférence de l'approfondissement qui se déroula dans une bonne atmosphère et se fixa des objectifs somme toute ambitieux. Si aucune avancée ne fut réalisée dans le domaine des institutions communautaires, que le président Pompidou ne souhaitait pas renforcer de toute manière, « en revanche un ambitieux programme d'approfondissement est engagé qui met au point un calendrier sur 8 ans, jusqu'en 1980, pour réaliser les décisions de La Haye : l'Union économique et monétaire et l'Union européenne aux contours encore obscurs. Le Sommet de Paris installe un Fonds de développement régional (FEDER) et énumère les actions à entreprendre dans les domaines de la science et de la technologie, de l'énergie, de l'environnement, de l'action sociale »[73]. Certes, on peut nuancer un peu ces jugements optimistes. Le peu de succès du référendum n'a pas contribué à accélérer l'action du président Pompidou en matière européenne : ainsi, l'installation à Paris d'un secrétariat

---

[72] Extraits de la conférence de presse de Georges Pompidou, le 21 septembre 1972.
[73] Gérard Bossuat, *Faire l'Europe sans défaire la France. 60 ans de politique d'unité européenne des gouvernements et des présidents de la République française (1943-2003)*, Bruxelles, PIE-Peter Lang, 2005, p. 122.

politique permanent chargé d'aider la présidence pour la coopération politique ne vit pas le jour, mais les oppositions des autres pays jouèrent dans ce cas là sûrement autant que les résultats incertains du référendum. Si l'année 1973 fut particulièrement troublée et révéla de forts désaccords au sujet des positions communes des 9 à adopter face aux Etats-Unis, ce sont les soubresauts monétaires et les crises internationales (crise du dollar, guerre du Kippour) qui en furent avant tout responsables.

Ce référendum du 23 avril 1972 fut donc un risque mal calculé et il faut relativiser ce qui a été perçu à l'époque par le président Pompidou comme un échec, le score n'a pas été calamiteux loin de là, et ayant refusé la dramatisation sur un sujet qui ne passionnait pas les Français, il ne pouvait guère espérer mieux. Les autres résultats des referenda sur le traité de Maastricht (1992) ou sur le traité constitutionnel européen (TCE) de 2005 sont là aujourd'hui pour le prouver…L'appel au référendum fut bien risqué toutefois, puisque les autres pays eurent recours à un vote de ratification du traité d'adhésion du 22 janvier 1972 par la voie parlementaire et ce dernier fut acquis sans aucun problème et avec de très fortes majorités.

Une fois cette adhésion ratifiée, qui suscita ensuite de la part des Britanniques de nombreuses remises en cause, la question d'une décision possible d'un départ de la Grande-Bretagne de la Communauté se posa assez rapidement. Or, le public européen (sauf en Grande-Bretagne et surtout en Irlande), ne parut pas considérer comme particulièrement grave un éventuel retrait de la Grande-Bretagne, soit qu'il n'y crût point, soit qu'il ne fût pas capable d'en anticiper les conséquences pour l'avenir de l'Europe[74]. La question a été posée aux Français, en mai 1975 : « Les Britanniques vont voter prochainement par référendum pour ou contre le maintien de leur pays dans le Marché commun. S'ils décident de rester membres de la Communauté pensez-vous que cela aura pour l'avenir de l'unification en Europe, de bonnes conséquences, de mauvaises conséquences ou pas de conséquences du tout » ? Si dans l'ensemble de la Communauté, 38% des personnes interrogées estiment que le maintien du Royaume-Uni aura de bonnes conséquences (15% de mauvaises, 21% pas de conséquences du tout et 26% ne se prononcent pas[75]), les Français se signalent par une réponse largement dubitative 25% estiment que cela n'aura pas de conséquences du tout et 26% ne répondent pas[76].

Plus de quarante années plus tard, lorsque un second référendum est organisé, comment se comportent les opinions publiques françaises bien différentes de celles des dirigeants politiques.

Un Brexit qui confirme les tendances antérieures

Alors que les dirigeants politiques français sont plongés, entre crainte pour certains et espoir pour d'autres, à l'issue du référendum du 23 juin 2016, « un choc historique » pour Alain Juppé, « une onde de choc pour François Bayrou », « une victoire de la liberté » pour le Front national, « la fin d'un monde » pour Jean-Luc Mélenchon, pour tous en tout cas, les conséquences seront importantes pour le devenir de l'Union européenne.

---

[74] En réalité, 6 personnes sur 10 dans les six pays fondateurs ne voyaient « pas de conséquences » ou ne répondaient pas. *Eurobaromètre*, n°2, p.15-16.
[75] Eurobaromètre n°3.
[76] 36% des Français attendent de bonnes conséquences du maintien, tandis que 13% en attendent de mauvaises. *Ibidem*.

Entre indifférence et moindre hostilité

Alors que les Britanniques ont voté à 51,9% pour le « Leave », les différentes enquêtes d'opinion menées avant le scrutin puis à son issue concluent de la même manière : parmi les Européens, les Français sont les plus favorables à une sortie du Royaume-Uni de l'Union européenne ou pour dire les choses autrement, sont les moins hostiles à sa sortie. Si une majorité de Français se déclare en faveur du maintien du Royaume-Uni, selon les sondages entre 32 et 41% de la population ne serait pas pour un maintien[77]. Selon le sondage organisé pour le Huffington Post[78], un peu plus d'1/3 des Français désapprouvent la décision des Britanniques de quitter l'UE, tandis que 34% soutiennent ce vote. Enfin, comme souvent dans les questions européennes, un petit tiers des Français sont indifférents ou ne se prononcent pas sur le sujet. Les raisons sont à rechercher dans le long terme, le moyen terme et le court terme. Le double veto du général de Gaulle de janvier 1963 et de novembre 1967 à l'entrée de la Grande-Bretagne dans le Marché commun a laissé des traces et enraciné l'idée que la cohérence de l'Europe serait plus forte sans les Britanniques, les relations mouvementées entre la CEE et la Grande-Bretagne ont également acclimaté la certitude que le Royaume-Uni tirait plus d'avantages de l'UE que l'inverse, enfin l'indifférence des Français peut s'expliquer par le climat eurosceptique en France et un horizon centré sur les problèmes français.

Toutefois, en dépit du vote du Brexit et de l'euroscepticisme ambiant, 61% des Français pensent

---

[77] www.la-croix.com/Monde/europe/Brexit-opinion-française-sansconcession-2016-06-231200770945, consulté le 1er février 2017.
[78] Sondage réalisé sur internet les 29 et 30 juin 2016 méthode des quotas sur un échantillonnage représentatif de 1003 Français par l'Institut Yougov pour *Le Huffpost* et Itélé.

qu'une sortie de la France de l'UE serait néfaste pour l'économie[79], certes ils sont largement déçus par les dysfonctionnements ces dernières années de l'UE, mais ils n'en pensent moins qu'un Frexit serait très mauvais pour l'économie française et pour les catégories les plus exposées et vulnérables au chômage et aux effets de la mondialisation. En fait, 45% d'entre eux s'ils étaient interrogés sur la possibilité d'un Frexit, choiraient de rester dans l'Union européenne tandis que 33% opteraient pour la sortie : les Français sont donc là aussi partagés entre doute et attentisme sachant que la part des indécis est importante (22%)[80] et peut faire basculer le résultat si une telle consultation était organisée en France. En tout cas, les conséquences du Brexit sont clairs pour une majorité de Français : il convient de resserrer l'Union autour des pays de la zone euro et de s'opposer à tout élargissement futur. Près de 90% des Français sont opposés aux discussions avec Ankara, moins d'un tiers de la population en France est favorable à une entrée de l'Ukraine et à l'un des pays des Balkans [81].

Les attentes des Français à l'issue du Brexit

Deux enquêtes spécifiques ont été menées à quatre mois d'intervalle, l'une en juillet 2016, *Les Européens et*

---

[79] Baromètre politique Viavoice, *Libération*, 4 juin 2016.
Seulement 13% des Français pensent que les décisions de l'UE sont allées dans le bon sens ces dernières années contre 68% qui pensent le contraire.
[80] Selon un sondage SOFRES OnePoint pour *Le Figaro*, RTL et LCI réalisé en ligne entre le 24 et le 27 juin 2016 auprès de 1000 personnes et selon la méthode des quotas.
[81] Enquête publiée par *Le Monde*, 15 juillet 2016 et réalisée dans 6 pays pour l'IFOP, la Fondation Jean Jaurès et la Fondation européenne d'études progressistes.

le Brexit[82] réalisée pour la Fondation Jean Jaurès et la Fondation européenne d'études progressistes (FEPS) par l'IFOP dans 6 pays européens-France, Allemagne, Italie, Espagne, Belgique, Pologne reprenant les tendances relevées ci-dessus et l'autre, quatre mois plus tard, au cours du mois de novembre 2016, par la Fondation Robert Schuman et l'IFOP[83].

Dans l'ensemble les grandes tendances relevées précédemment n'ont pas fondamentalement évolué même si un certain nombre d'infléchissements ont pu être remarqués.

Dans l'ensemble, les réactions semblent très contrastées entre les pays et au sein de chacun de ces pays. Les variables, qui explicitent ces réactions très différentes, tiennent à plusieurs facteurs : les sentiments nationaux face à l'Europe ce qui différencie par exemple fortement la France de l'Allemagne, la situation économique de chaque pays qui est un facteur important pour envisager les retombées potentielles ou encore des variables générationnelles (les personnes plus âgées éprouvant moins de regret du départ de la Grande-Bretagne) ou des variables socio-professionnelles bien connues des études européennes.

On peut étudier six thématiques représentatives des permanences des opinions françaises face aux conséquences du Brexit.

La première tient au sentiment de gravité ressenti face à la sortie du Royaume-Uni de l'Union européenne. Ce n'est « pas si grave que cela » car ce pays n'appartenait ni à la zone euro ni à l'espace Schengen, il a donc toujours eu un

---

[82] *Les Européens et le Brexit*, https://jean-jaures.org/sites/default/files/notebrexit.pdf
[83] « Les Européens et les conséquences du Brexit », *Questions d'Europe*, Fondation Robert Schuman, Policy Paper, n°416, 9 janvier 2017.

statut à part et a freiné les avancées de la construction européenne : ainsi pensent 58% des Français en juillet 2016, puis 45% en octobre[84]. Les anciens membres relativisent donc ce départ, même si l'inquiétude commence à progresser de façon différentielle selon les clivages partisans. En tout cas, c'est en France que les craintes sont les moins fortes, alors que l'inquiétude prévaut dans d'autres pays (Pologne). Il faut poser la question de savoir si le degré d'attachement à l'UE est une des variables les plus significatives pour rendre compte de ce manque d'alarmisme.

La deuxième question tient à l'inquiétude sur les conséquences économiques et là on peut distinguer deux versants : les retombées sur les économies nationales et celles sur l'évolution de l'économie britannique.

Le pronostic sur l'évolution de l'économie britannique est majoritairement négatif. Pour 55% des Français, cette économie va être affaiblie par cette décision de quitter l'Union européenne (contre 33% qui pensent qu'elle sera neutre et 12% qu'elle sera dynamisée)[85] , toutefois cette certitude s'estompe quelque peu puisque dans le second sondage on passe de 12 à 18% des Français qui pensent que cette sortie sera finalement salutaire pour l'économie britannique. Si les effets négatifs sont de toute façon mis en avant, les certitudes sont beaucoup moins ancrées pour les conséquences nationales, « ce qui est assez logique dans la mesure où il n'existe pas de précédent qui pourrait éclairer les jugements et où les discours d'experts sur cette situation qui vient juste d'advenir sont très variées, voire opposés. D'aucuns estiment que les économies continentales vont bénéficier de délocalisations et de

---

[84] *Les Européens et les conséquences du Brexit*, p. 9.
13% Des Français jugeaient cela très grave en juillet et 19% en octobre.
[85] *Les Européens et le Brexit*, op.cit., p.5.

transferts d'activités en provenance du Royaume-Uni quand d'autres insistent d'abord sur un impact négatif sur les économies européennes du ralentissement de la croissance du Royaume-Uni, un des principaux partenaires des Etats membres »[86].

Avec le temps, les opinions semblent moins passionnées à l'égard de la Grande-Bretagne[87] et des longues négociations qui vont suivre, même si les Français sont (avec les Italiens) les plus nombreux à redouter un effet domino qui pourrait aboutir à un délitement de l'UE. Certes, 36% des Français pensent que l'Union européenne post-Brexit va repartir sur de nouvelles bases et qu'elle sortira renforcée de cette crise, mais ils sont également 36% à penser que d'autres pays vont quitter l'Union européenne, ce qui aboutira à sa disparition[88].

Si le pronostic sur l'effet contagieux du Brexit est finalement important, cela ne débouche pas sur une forte majorité de Français réclamant l'organisation d'un référendum sur le maintien ou la sortie de leur pays de l'Union européenne : 54% sont opposés à une telle initiative, 33% se prononceraient en faveur d'un Frexit [89], et seulement 29% en faveur d'un retour au franc. On ne peut en aucun cas comparer ces chiffres à ceux enregistrés par les deux referenda connus de septembre 1992 sur le traité de Maastricht ou sur le traité constitutionnel européen de mai 2005 (TCE) car il ne s'agit plus dans

---

[86] *Les Européens et le Brexit, op.cit.*, p.3.
[87] Le degré de conciliation avec les Britanniques semble légèrement augmenter une fois le choc du résultat passé, même si 49% des Français pensent encore que l'Union européenne ne doit faire aucune concession aux Britanniques et leur retirer rapidement tous les avantages économiques et commerciaux qui étaient associés à leur appartenance à l'Union européenne.
Les Européens et les conséquences du Brexit, op.cit., p. 33.
[88] *Les Européens et les conséquences du Brexit, op.cit.*, p. 27.
[89] *Les Européens et le Brexit, op.cit.*, p. 9 à 12.

cette hypothèse d'un référendum sur une question précise mais sur le maintien ou la sortie du pays.

En revanche, ce qui est tout à fait partagé majoritairement par les Français, tourne autour de deux convictions. En réaction au Brexit, émerge le souhait de faire avancer l'Europe autour du noyau des six membres fondateurs, souhait qui reste un peu flou et qui tient peut-être du vœu pieu. La seconde conséquence est le refus de tout nouvel élargissement, là aussi le Brexit ne fait que renforcer des tendances antérieures bien marquées notamment chez les Français les plus hostiles depuis toujours à tout nouvel élargissement, l'attitude adoptée lors de l'entrée de la Grande-Bretagne avait été qualifiée de molle et de suiviste avec un très haut niveau d'indécision[90]. On revient aussi à une tendance qui a toujours été un fil conducteur de la politique française face à l'Europe, la préférence pour l'approfondissement par rapport à l'élargissement.

Cela se marque donc par des refus catégoriques : c'est le cas pour la Turquie. Le nombre des partisans de son adhésion ne cesse de décroître depuis de nombreuses années pour arriver désormais à un chiffre très bas (13% en France et 12% en Allemagne)[91]. Certes, il convient de faire la part entre les effets du Brexit et ceux du contexte en Turquie même, ainsi que de la politique menée par le régime d'Erdogan. Le même phénomène se produit pour l'Ukraine où le nombre des partisans de son entrée ne cesse de diminuer (27% seulement des Français)[92].

Enfin, si l'on considère l'attitude face à l'entrée possible dans la région des Balkans occidentaux, de pays comme la Serbie, la Macédoine ou le Monténégro, les

---

[90] Anne Dulphy, Christine Manigand, « L'opinion française face aux élargissements », *op.cit*.p. 128.
[91] *Les Européens et le Brexit, op.cit.,* p. 22.
[92] *Ibidem.*

niveaux sont assez proches de ceux observés pour l'Ukraine (23% d'opinions favorables en France), même dans les familles politiques les plus pro-européennes. En revanche, on peut constater qu'à défaut de devenir membre à part entière de l'UE, un statut intermédiaire est envisageable pour des pays comme l'Ukraine, la Serbie, la Macédoine ou le Monténégro. Ces pays pourraient trouver leur place dans une zone d'échanges économiques privilégiés, confortant ainsi le souhait de certains, de plusieurs cercles concentriques par rapport au cœur européen.

Cette étude comparative sur une quarantaine d'années a donc montré le poids des tendances sur le long terme en partant d'une relation complexe entretenue depuis toujours entre la Grande-Bretagne et la CE/UE. Ce pays a joué un rôle important depuis les débuts du processus communautaire dans l'organisation du continent, qu'il soit à l'extérieur des structures communautaires avant 1973, ou à l'intérieur.

Or, les opinions ont toujours ressenti les Britanniques comme étant à l'écart de l'Europe, ce qui explique la relative indifférence lorsque les Français doivent se prononcer sur leur entrée dans la CEE ou lorsqu'ils réagissent à leur sortie après le référendum sur le Brexit. Au total, on ne peut qu'être frappé par la faible prise en compte par les milieux décisionnels de ces réactions de l'opinion et en particulier de l'hostilité patente de l'opinion française à tout nouveau processus d'élargissement.

L'Europe et l'international

Gilles Gallet

Les relations entre la Russie et l'Europe sont très influencées par la problématique de l'Europe et de ses frontières, qu'il s'agisse des frontières politiques et géopolitiques ou des frontières supposées de civilisation. Il est également de bon ton de s'interroger sur l'identité européenne de la Russie, de se demander si ses ressorts ne seraient plus eurasiatiques qu'européens voire si, plus qu'un atout pour l'Europe, elle ne serait pas une menace pour sa culture politique et sa sécurité.

On sent bien qu'il y a là de nombreuses réserves. Il convient de les examiner et, le cas échéant, de les évacuer car elles constituent un véritable frein à l'émergence d'une Europe délivrée des stéréotypes de la guerre froide, que ces réserves soient formulées consciemment ou qu'elles soient simplement en arrière-pensée. Il est également important, pour mieux comprendre l'état d'esprit des Russes de s'attarder sur ce que représentent les notions et perceptions de frontières à l'intérieur de l'ex-empire russe et soviétique.

Les frontières de l'Europe englobent-elles la Russie ?

C'est une question de nature géographique et culturelle mais on la pose souvent en ayant à l'esprit des restrictions d'ordre géopolitique et idéologique. La géographie indique que les frontières naturelles de la Russie sont, à l'est, les monts de l'Oural et, au sud, la chaîne du Caucase. Toutefois ceux qui ont eu la chance de parcourir la Russie dans toutes ses immenses dimensions sont convaincus que c'est un pays profondément européen. De Moscou à Vladivostok, de Mourmansk au pied du Caucase, partout en Sibérie, les mentalités, les manifestations de la culture, la langue, l'architecture des villes et les aspirations des habitants sont les mêmes et sont profondément européennes.

La Russie est donc une nation européenne historique dont une partie du territoire se trouve en Asie. Cela n'empêche pas de se demander si, sur un plan géopolitique, la Russie ne serait pas plus tentée par l'Eurasie (Asie et Chine) que par l'Europe. C'est une question que l'on ne se posait pas au 19e siècle car l'Asie était alors beaucoup moins une alternative de puissance que de nos jours, alors que l'Empire russe était une grande puissance à vocation européenne. C'est d'ailleurs la Russie qui a amené l'Europe et sa culture en Asie centrale et au Caucase. Si ces pays sont désormais attirés par tout ce qui est européen et par un partenariat avec l'Union européenne, c'est parce que leurs mentalités et leur conception du monde ont été façonnées par l'administration et l'éducation russe puis soviétique. Dans le cas de l'Arménie et de la Géorgie, il s'agissait d'un retour aux origines car ces deux nations ont, pendant de longs siècles, fait partie du monde gréco-romain avant de subir les dominations persane et ottomane.

Il ne faut pas se tromper sur le virage actuel de la Russie vers l'Asie. Il n'est pas motivé par une volonté délibérée de nier son identité européenne ni par une dérive vers l'Eurasie. C'est un comportement logique de la part d'une grande puissance dont les deux tiers du territoire se trouvent en Asie et qui, face à l'objectif clair des États-Unis de refouler son influence, cherche à s'agglomérer à d'autres pôles de puissance. C'est aussi une tentative de pallier les sanctions économiques des Occidentaux. Cet exercice a pourtant des limites. La Russie a cherché à davantage exporter son gaz vers la Chine, par exemple, mais elle est tributaire de la situation géographique de ses gisements géographiques d'hydrocarbures, très éloignés de l'Asie, et du réseau déjà existant de gazoducs tournés vers l'Europe. De surcroît les grands pays de l'Union européenne ont, en 2015, sensiblement augmenté leur demande de gaz russe en dépit de la politique des sanctions. Même chose pour les grands groupes français qui ont maintenu le contact avec le marché russe.

La Russie est européenne par son berceau historique (principauté de Kiev), par le baptême de son prince Vladimir il a plus de mille ans, par la volonté de Pierre le Grand, par le rôle joué parmi les grandes nations européennes de Catherine II à la Première Guerre mondiale, par son immense littérature et sa culture. Au fond, les réserves que l'on a de l'identité et de la vocation européennes de la Russie découlent pour une bonne part de son passé soviétique. Elles sont apparues lorsque l'Union soviétique s'est singularisée du reste de l'Europe par son choix politique et de société ainsi que par un système de répression à la cruauté tout asiatique. Elle était isolée du reste de l'Europe par un cordon sanitaire avant la 2e Guerre mondiale, puis par un rideau de fer après celle-ci. Ces perceptions sont reconduites à l'encontre de la Russie de Vladimir Poutine qui se revendique comme une démocratie souveraine et autoritaire et qui est marginalisée par l'Otan. L'Alliance atlantique a en effet repoussé au plus près de la Russie les frontières d'une certaine division de l'Europe.

La Russie représente-t-elle une menace pour les frontières de l'Europe ?

Le sentiment de menace que diffuse la Russie n'est pas qu'un problème de voisinage et de frontières issues de la 2e Guerre mondiale et de la Guerre froide. C'est une question de fond plus ancienne relative à la rivalité russo-polonaise pour le protectorat des terres slaves de l'Europe de l'Est.

Après son entrée dans le concert des nations européennes à la faveur de la création de Saint-Pétersbourg et de la modernisation du pays par Pierre le Grand, l'acquisition de ce qui constitue aujourd'hui les territoires de l'Ukraine et de la Biélorussie par la Russie byzantine orthodoxe avait ouvert un véritable contentieux pour le protectorat de ces espaces avec la Pologne catholique romaine qui occupait ces terres jusque-là. Depuis sa création sur un berceau initial comparable à sa situation géographique actuelle, la Pologne n'avait cessé de dériver à l'est; d'abord sous l'effet des poussées germanique en Poméranie et tchèque en Silésie; puis en résultat de l'union dynastique avec la Lituanie qui lui donne le contrôle des espaces non seulement baltes mais aussi biélorusses et ukrainiens ainsi qu'un accès à la mer Noire. C'est l'époque de la grande Pologne qui menace la Moscovie et qui suscite, en retour, le premier sursaut national et religieux russe.

À partir du milieu du 17e siècle, la Russie récupère les terres ukrainiennes à l'est du Dniepr suite à la révolte des Cosaques qui demandent son protectorat face aux grands nobles polonais. Sa montée en puissance vers l'ouest se poursuit avec Pierre le Grand. Plus tard Catherine II s'appuie sur la Prusse, qui cherche à constituer un État d'un seul tenant, lors des partages successifs de la Pologne lui donnant l'accès aux espaces balte, biélorusse et ukrainien de l'ouest. La Pologne reprendra le contrôle de ces terres en 1920 au prix de vifs griefs avec la Lituanie et l'Ukraine. En fait elle retrouvera indépendance et territoire national en empiétant sur les pays les moins forts car, en 1918, l'Allemagne n'avait pas été vaincue sur le front de l'Est.

Dans ce contexte la ligne Curzon revêt une importance particulière. Elle porte le nom du ministre britannique des affaires étrangères qui proposa en 1920 cette ligne de démarcation pour mettre fin à la guerre entre la Pologne renaissante et la Russie bolchévique. Il s'agissait, dans les grandes lignes, de la frontière linguistique et ethnique entre les nations polonaises, lituanienne, biélorusse et ukrainienne. Après avoir résisté victorieusement aux armées bolchéviques, la Pologne avait obtenu des frontières bien plus à l'est de cette ligne avec le soutien de la France. La ligne Curzon correspond à peu près aux frontières orientales actuelles de la Pologne. Elle a été imposée par Staline à la fin de la 2e guerre mondiale. C'était aussi la ligne de partage entre les influences que s'étaient accordées Allemands et Soviétiques dans le Pacte Molotov-Ribbentrop. Même si cette frontière est désormais solidement inscrite dans le paysage politique européen, le contentieux demeure car la Russie répugne toujours à partager son influence en Biélorussie et en Ukraine alors que la Pologne n'a de cesse, poussée par les États-Unis, de vouloir les rattacher au camp occidental dans le cadre de l'Otan et de l'Union européenne.

Faut-il pour autant parler de politique expansionniste de Moscou à l'encontre de ses voisins européens ? Il n'y a en réalité pas de contentieux de frontières entre la Russie contemporaine et ses voisins de l'Union européenne et de l'Otan. En Europe la problématique des frontières artificielles figées par la Guerre froide et le régime soviétique s'est plutôt bien réglée. Après la chute du rideau de fer, l'Allemagne a la possibilité de se réunifier et les pays de l'Est ont retrouvé leur libre arbitre. Les forces soviétiques déployées en Europe centrale et de l'est ont été évacuées par Moscou avec la plus grande rapidité. Les premiers élargissements de l'Alliance atlantique en Europe centrale ont également été assez facilement acceptés par la Russie qui, certes, n'avait pas les moyens de s'y opposer. Le contexte a cependant brutalement changé lorsque la Géorgie et l'Ukraine ont manifesté leur intention d'entrer dans l'Otan. Depuis plusieurs années les tensions entre l'Alliance et la Russie redoublent d'intensité, tensions aussi inutiles que dangereuses. Le risque d'invasion de leur pays brandi par Polonais et Baltes est caricatural. Le budget de la défense russe a certes doublé entre 2003 et 2013 mais ce n'était qu'une compensation partielle d'une chute vertigineuse dans les années 1990. En réalité l'effort de défense de la Russie est dix fois inférieur à celui des États-Unis et à peine supérieur à celui de la France.

Le nouveau modèle social russe exclut, par ailleurs, de revenir aux pratiques de la Russie impériale et de l'URSS, sortes de puissances pauvres qui sacrifiaient la prospérité du peuple à un effort militaire démesuré. Ce choix économique et de société n'est plus viable pour la Russie maintenant qu'elle est complètement intégrée à l'économie mondiale et qu'elle en subit les fluctuations voire les sanctions.

Dans ces conditions, à quoi pourrait ressembler la vision russe d'une coopération avec l'Europe ? C'est bien évidemment le concept de l'Europe des nations qui convient le mieux à Moscou, avec moins de dispositifs d'intégration et un nécessaire leadership des grandes nations. Une Europe à plusieurs vitesses où certains pays compteraient moins que d'autres et iraient moins loin dans l'intégration et les responsabilités va très bien aux Russes qui agissent de même dans leur espace économique eurasiatique et l'organisation de la défense collective des pays de la CEI. La Russie n'entrera bien sûr jamais dans l'Union européenne mais elle peut entretenir une coopération renforcée avec ses principaux centres de décision (France et Allemagne essentiellement) en limitant à un niveau technique le dialogue avec les instances technocratiques de l'Union.

En dépit de la rhétorique visant à relativiser les effets de leur marginalisation et des sanctions économiques, il y a une claire conscience chez les responsables russes d'un besoin d'Europe pour développer leur économie et faire évoluer leur système politique. Moscou n'a pas de stratégie de domination de l'Europe : sa puissance et son attractivité sont insuffisantes pour imposer un quelconque modèle politique et économique. La Russie n'a pas de véritable allié, encore moins d'alliance à sa disposition pour démultiplier son influence, contrairement aux États-Unis avec l'Otan. Elle n'a que quelques obligés bien faibles et des alliés de circonstance. Les difficultés proviennent aussi du fait que Moscou a du mal à identifier la stratégie de l'UE et n'est jamais sûr de ses bonnes dispositions à son égard. À Bruxelles, dans les relations avec Moscou, la priorité va souvent à la suspicion, aux émotions et aux réactions indignées au détriment de l'examen des questions de fond.

Toutefois les préventions des Européens à l'encontre de la Russie ne sont pas seulement suscitées par une pression russe supposée sur les nouveaux membres Otan. Elles proviennent surtout du comportement de Moscou dans son ex-empire, en Géorgie et en Ukraine par exemple, où ce comportement est visiblement conditionné par l'héritage impérial.

Notions et perceptions de frontières à l'intérieur de l'ex-empire russe et soviétique

Au sein de l'empire russe, les populations rattachées avaient un statut disparate : autochtones en Asie centrale (colonisation des terres), large autonomie en Europe (royaume de Pologne ; Finlande) ; protectorat au Caucase du sud ; pacification-colonisation au Caucase du nord. Le régime soviétique s'était acquis la fidélité des nationalités en jouant de la rhétorique sur leurs droits. Le but était en effet d'assurer le droit des peuples à disposer d'un berceau national tout en les contrôlant étroitement. Il y avait donc des regroupements nationaux réels (république soviétique ou autonome, région ou territoire autonome, parlement, théâtres nationaux, usage langue etc...). Mais cela était assorti d'un dispositif visant à dissuader de sortir de l'URRS : cadeau de territoires aux nouvelles républiques soviétiques pour les attacher à l'Union et les prolétariser (Kazakhstan et Ukraine) ; association de peuples antagonistes au sein mêmes républiques (Caucase du nord) ; enclaves et régions autonomes (Caucase du sud).

En 1991, la Russie a démontré une bonne volonté, et plus encore, une volonté délibérée de se débarrasser des républiques périphériques. Elle aurait préféré rester en étroite association avec les deux autres républiques slaves, l'Ukraine et la Biélorussie, au sein d'une communauté des États slaves (CES) mais le premier secrétaire du parti communiste kazakh Nazarbaïev (actuel président du Kazakhstan) s'était indigné de ce manque de solidarité. Est ainsi apparue la Communauté des États Indépendants (CEI) qui se voulait une structure communautaire pour gérer la séparation à l'amiable avant de devenir l'instrument d'une solidarité minimale et du maintien du protectorat de la Russie. De nos jours il est intéressant de regarder comment se vivent les Russes hors de la Fédération de Russie, à l'intérieur de frontières artificielles figées par l'URSS. Du temps de cette dernière, ils étaient de citoyenneté soviétique et de nationalité russe. Aujourd'hui ils se sentent citoyens kazakhstanais ou ukrainiens mais toujours de nationalité russe. Ils n'émettent pas de revendications particulières tant qu'ils peuvent vivre leur identité russe dans un pays restant proche de Moscou. Toutefois si le pays d'accueil revient sur les droits des minorités nationales (langue) et devient hostile à la Russie, il s'expose alors à des réactions d'autonomie exploitées par Moscou comme on a pu le voir en Crimée et au Donbass. En Crimée, la réaction de Moscou a été rapide et brutale face au risque d'arrivée de l'Otan sur les rives de la mer Noire et à Sébastopol ; au Donbass, il s'agit plutôt d'une prise de gage pour inciter le gouvernement ukrainien à un compromis accordant une large autonomie à la minorité russe.

En août 2008 la Russie avait mis à profit l'intransigeance de la Géorgie dans les conflits de nationalité non réglés d'Abkhazie et d'Ossétie du sud pour ramener à la raison Tbilissi qui se voulait de plus en plus proche des États-Unis et de l'Otan. Aussi bien dans le cas de l'Ukraine que de la Géorgie, les accords d'association avec l'Union européenne ont certes irrité Moscou mais il existait une possibilité de rechercher une formule d'influence partagée et de coopération entre les espaces économiques russe et européen. L'élément déclenchant des crises a surtout été le risque d'extension de l'Otan. La situation est désormais figée au sein de conflits gelés. Le déblocage ne sera possible que si Moscou se sent en confiance et en situation de dialogue productif avec les Européens. Une remontée en puissance de l'identité européenne de défense et de sécurité assortie d'une évolution de l'Otan vers un rôle moins politique pourrait contribuer à détendre la situation. Il y a une opportunité à saisir si les États-Unis confirmaient leur volonté de prendre de la distance avec l'Otan et l'Europe.

La Russie et l'Union européenne.
Une relation nécessaire, mais non suffisante

Julien Vercueil[*]
INALCO

Depuis le déclenchement du conflit en Ukraine, les relations diplomatiques et économiques entre l'Union européenne et la Russie sont sous le feu des projecteurs médiatiques. En France, c'est le renoncement aux livraisons des navires de classe « Mistral » à l'armée russe qui a été l'une des conséquences les plus commentées du durcissement de ces relations après l'annexion de la Crimée par la Russie. En Allemagne, la question de la dépendance au gaz russe se pose avec une nouvelle acuité, avec le doublement programmé des capacités de livraison du gazoduc russe Nord Stream en mer baltique. En Hongrie ou en Grèce qui se trouvent, pour des raisons différentes, dans une période de crise de leurs relations avec les institutions européennes, les dirigeants ont été tentés récemment de se tourner vers la Russie afin d'user de son contrepoids dans leurs propres négociations.

La Russie sort à peine d'une crise économique profonde, qui, une fois encore, a mis en évidence ses vulnérabilités structurelles. L'Union européenne n'est pas exempte de soubresauts. Elle connaît même une crise structurelle, qui est liée à la fois aux difficultés de la zone euro, aux déséquilibres budgétaires et extérieurs de certains de ses pays membres et au Brexit, mais qui provient également d'un doute plus profond sur sa

---

[*] L'auteur remercie Françoise Renversez pour ses remarques sur une première version de ce texte. Il reste responsable des erreurs et omissions éventuelles.

capacité, dans sa configuration actuelle, à surmonter les tensions économiques et politiques surgies durant la dernière décennie.

Dans ce contexte, il est utile de mettre en perspective les développements récents de la relation UE-Russie et de montrer les enjeux économiques de moyen et long terme qui se situent derrière cette relation. La Russie est un fournisseur majeur d'énergie de l'UE, mais également un marché significatif pour ses exportations de biens d'équipements, de biens de consommation et de services. C'est également, depuis le début des années 2000, une destination prisée des investisseurs européens, attirés par un marché de 143 millions de consommateurs. À l'inverse, la relation à l'UE est vitale pour l'économie de la Russie. Principal fournisseur de devises étrangères du pays, l'Europe est également depuis vingt-cinq ans un fournisseur de technologies et de savoir-faire qui ont contribué de manière décisive à la modernisation des quelques secteurs qui se sont ouverts aux investisseurs étrangers (grande distribution et automobile par exemple). À bien des égards, l'Union européenne et la Russie entretiennent une relation nécessaire.

L'objet de cette contribution est de proposer un bilan global de cette relation et de tracer ses perspectives possibles d'évolution, en insistant sur les possibilités de sortie de la crise actuelle. Pour ce faire, nous commencerons par dresser un état des lieux des échanges entre l'UE et la Russie. Nous montrerons ensuite les raisons des fluctuations de la qualité de leurs relations diplomatiques et politiques en examinant les conséquences des difficultés apparues en fin de période. Enfin, nous proposerons des pistes de réflexion pour l'avenir au travers de quelques variantes de scénarii d'évolution.

1. Une relation actuellement dominée par le « moment politique » russe

L'état actuel des relations économiques bilatérales est dominé par le diptyque « sanctions – contre sanctions » lié à l'annexion de la Crimée et le soutien apporté par la Russie aux séparatistes du Donbass ukrainien. Cette décision d'annexer la Crimée et de s'impliquer militairement dans le conflit opposant les séparatistes ukrainiens et le pouvoir de Kiev a précipité un « moment politique » en Russie (Vercueil, 2016a), décidé par le président russe, qui a consisté à mettre de côté les questions économiques pour concentrer ses priorités sur les décisions à fort impact en termes de politique intérieure et de géopolitique extérieure. La décision a donc été prise d'intervenir militairement et politiquement en Ukraine, quel qu'en soit le prix économique et social. Celui-ci s'est avéré particulièrement lourd pour la population russe, qui a supporté l'essentiel des pertes en termes de pouvoir d'achat (Vercueil, 2017a). Les gains de politique intérieure (passage de la popularité du président de 60 à plus de 80 %, nouvelles opportunités de justification, par le « terrorisme pro-ukrainien », du durcissement de la répression intérieure), les gains géopolitiques et en termes de politique extérieure (affirmation de puissance, reprise de l'initiative stratégique, extension du territoire contrôlé par l'armée russe, élargissement de la façade maritime ouverte sur la Mer noire, affaiblissement durable de l'Ukraine, gain de prestige auprès de nombre de gouvernements autoritaires et dictatoriaux dans le monde), ont paru suffisants aux autorités russes pour justifier les pertes économiques subies.

Ce « moment politique » inauguré par l'annexion de la Crimée a immédiatement fait tache d'huile sur la relation économique avec l'UE. Celle-ci a, elle aussi, été emportée par les considérations politiques. Après la destruction en vol de l'avion de la *Malaysian Airlines* au-dessus du Donbass, les sanctions occidentales, initialement cantonnées à une liste de personnalités politiques et économiques impliquées dans l'annexion de la Crimée, ont pris un tour économique. Elles ont visé des secteurs sensibles pour l'économie russe : le système financier, via l'interdiction de refinancer à plus de trente jours en devises une liste des plus grands établissements financiers russes ; le système énergétique, avec l'interdiction de participer à des projets à fort contenu technologique (pétrole et gaz non conventionnels, forages de grande profondeur, cercle polaire arctique) ; le complexe militaro-industriel avec l'interdiction de transactions dans le domaine militaire. En réponse, le gouvernement russe a prononcé un embargo sur les produits frais du secteur agricole en provenance des pays à l'origine des sanctions — dont l'Union européenne, principal fournisseur de ces produits à la Russie.

Les effets de ces mesures, prises durant l'été 2014, sur les flux concernés ont été significatifs : les exportations agricoles européennes ont effectivement très fortement chuté, même si des solutions de contournement, légales ou non, ont parfois été expérimentées avec succès par certains exportateurs et importateurs. Les financements à moyen terme en euros ont effectivement été asséchés pour certains grands opérateurs, ce qui a conduit les entités russes à se désendetter en devises (euros et dollars, car des sanctions similaires ont été prises par les États-Unis à l'encontre de la Russie), pour environ un tiers de leurs engagements au cours des deux dernières année[93] s.

Les sanctions ont cependant eu un autre effet, imprévu celui-là : elles ont contribué au gel de transactions non concernées par elles (les transactions commerciales

---

[93] Données Banque Centrale de Russie, premier trimestre 2017.

traditionnelles sur des biens non agricoles par exemple), par « effet de halo ». En effet, les banques occidentales ont été de plus en plus réticentes à accompagner des projets orientés vers un pays sous sanctions, même si celles-ci ne concernent pas le secteur du projet.

Entravé par le mécanisme des sanctions et contre-sanctions, le commerce bilatéral entre l'UE et la Russie a chuté. Il ne représentait plus que 191 milliards d'euros en 2016, contre 339 en 2012, année de son maximum. Mais la dégradation de la relation politique bilatérale n'est ni la seule, ni même la principale cause de cette baisse : l'effet direct du conflit sur le climat des affaires en Russie et dans la région, la chute des prix des hydrocarbures au deuxième semestre 2014 et la crise interne de l'économie russe l'expliquent bien davantage (Vercueil, 2015).

Tout en observant une forte contraction de ses échanges avec la Russie, l'UE reste, de très loin, le principal partenaire économique de la Russie. Elle représente entre 40 et 50 % de ses échanges extérieurs. C'est trois fois le volume de commerce de la Russie avec la Chine, dix fois celui avec les États-Unis. L'UE reste également le principal investisseur étranger en Russie, et la principale destination de ses flux d'investissements directs sortants[94]. Dans la relation UE-Russie, l'économie semble donc résister, au moins en termes relatifs, au « moment politique » de la Russie.

2. Un essor contrarié : 2000-2008

Les événements récents surviennent sur un arrière-plan qu'il faut aussi analyser pour en comprendre les enjeux

---

[94] Cette position s'entend hors IDE vers et en provenance des paradis fiscaux, qui occupent une place disproportionnée dans les statistiques russes (Barbade, Bermudes, Panama, Iles vierges Britanniques, Luxembourg, Chypre... les deux derniers étant membres de l'Union Européénnne)

actuels. Depuis le début des années 2000, les relations UE-Russie ont suivi un parcours en dents de scie, dont les phases correspondent approximativement aux quatre mandats présidentiels de Vladimir Poutine, interrompus par l'intérim de Dmitri Medvedev.

De 2000 à 2004, le phénomène dominant est le redressement de l'économie russe, qui avait été durement touchée par la dépression des années 1990 et la crise monétaire, budgétaire et financière d'août 1998. La stabilisation institutionnelle obtenue par Vladimir Poutine rassure quelque peu ses partenaires européens, qui commencent à s'intéresser au potentiel de croissance de l'économie russe. Le statut d'économie de marché lui est accordé en 2002 par l'UE, qui apporte ainsi son soutien à son processus de négociation d'accession à l'Organisation Mondiale du Commerce. L'intensification des échanges, qui croissent rapidement durant cette période, est donc portée à la fois par la remontée — encore modérée — des prix internationaux des hydrocarbures et par la vive croissance de la demande intérieure russe, qui nourrit ses importations en provenance de l'UE. L'intérêt de la population russe pour la « qualité européenne », effectivement supérieure en moyenne à celle des productions industrielles et de service locales, trouve son pendant dans les élites politiques. Durant cette période, les nouveaux dirigeants russes étudient la manière dont ils pourraient tirer profit de l'expérience européenne en matière d'aménagement du territoire, d'intégration économique, de construction institutionnelle. L'image de l'UE est alors positive, notamment auprès de Vladimir Poutine. Hormis les questions énergétiques et commerciales, l'un des thèmes des discussions bilatérales les plus importants à cette époque est la suppression du régime des visas, qu'espèrent vivement les hommes d'affaires et touristes russes, mais que ne veut pas accorder l'UE, dont les dirigeants craignent notamment qu'elle ouvre la porte à la croissance de l'influence du crime organisé russe sur son territoire.

La période suivante — 2004-2008 — est le théâtre de nombreux changements dans cette relation : tandis que la croissance économique s'accélère en Russie (mais également au sein de l'UE), les relations politiques commencent à se tendre. Le premier événement marquant est l'élargissement de l'UE à dix nouveaux pays, dont d'ex-républiques de l'Union soviétique frontalières de la Russie : les Pays baltes. D'un côté, cet élargissement est porteur de promesses économiques pour la Russie, puisque la croissance des Pays baltes, de la Pologne et des autres pays d'Europe centrale et orientale sera désormais soutenue par leur accession à l'UE et qu'elle apportera de nouvelles opportunités commerciales aux entreprises russes. Mais d'un autre côté, il est aussi le premier signe tangible d'une exportation des normes de l'UE sur des territoires autrefois placés sous l'autorité directe ou indirecte de Moscou. En même temps que leur processus d'adhésion à l'UE progressait, la plupart des pays centre et est-européens ont complété leur adhésion à l'OTAN, dont la Russie interprète l'existence comme une menace pour sa sécurité.

Le deuxième événement marquant pour le pouvoir russe est la révolution orange en Ukraine. En montrant, après la « révolution des roses » de l'automne 2003 en Géorgie et l'élection comme président du très libéral et pro-occidental Mikheil Saakachvili, que des gouvernements pro-russes pouvaient être renversés par la rue, la révolution ukrainienne a persuadé les autorités qu'un agenda était en cours en Occident, qui visait à placer des régimes pro-occidentaux partout où cela était possible dans les pays issus de l'ex-Union soviétique.

En sens inverse, l'arrestation en 2004 puis la condamnation de Mikhaïl Khordokovsky, flamboyant propriétaire de *Yukos*, la plus grande compagnie pétrolière de Russie, suivie du dépeçage judiciaire de son entreprise, dont les actifs finissent dans l'escarcelle de son principal concurrent, l'entreprise publique *Rosneft*, ne font rien pour rassurer les européens sur l'évolution de l'état de droit dans le pays. Le fait que Khordokovsky soit devenu avec les années un opposant politique de premier plan à Vladimir Poutine explique en grande partie ses déboires judiciaires (Sakwa, 2014). Mais l'affaire *Yukos* est aussi une illustration des limites structurelles de la séparation des pouvoirs en Russie, point éminemment sensible pour les démocraties européennes.

Sur le plan économique, la construction de l'oléoduc Bakou-Tbilissi-Ceyhan en 2006, qui permet l'évacuation des huiles de la Caspiennes et potentiellement de l'Asie centrale vers l'Europe sans passer par la Russie, brise le monopole des conduites russes dans le domaine des hydrocarbures. Il est suivi en 2008 par le gazoduc Bakou-Tbilissi-Erzurum, aux effets identiques sur le plan gazier, qui confirme la volonté des *majors* occidentales de construire des dispositifs de substitution à l'approvisionnement en hydrocarbures en provenance de la Russie. Cette question est également soulevée par les dissensions de plus en plus vives entre la Russie et ses voisins (d'abord le Belarus, puis l'Ukraine) sur les modalités du transit du gaz russe par leur territoire lors de son expédition vers l'Europe occidentale. De 2006 à 2009, ces périodiques « crises du gaz » vont envenimer les relations énergétiques entre la Russie et l'Union européenne (Busygina et Filippov, 2013). Elles alimentent les soupçons des européens sur l'instrumentalisation par la Russie de son statut de fournisseur dominant de gaz à l'UE. Elles irritent également les autorités russes, qui s'estiment prises en otage par les pays de transit dont elles ne contrôlent pas les gazoducs, et qu'elles accusent non seulement de ne pas honorer leurs contrats pour le transit et la consommation du gaz, mais également de ternir la réputation internationale de *Gazprom*.

Ces crispations sont alimentées aussi par la remise en cause des accords de partage de la production (APP) signés par Boris Eltsine dans le secteur énergétique durant les années 1990. Ces concessions accordées à des consortiums occidentaux pour l'exploitation de gisements d'hydrocarbures situés sur le territoire de la Russie apparaissent à beaucoup d'observateurs comme excessivement généreuses. Dans certains cas particulièrement emblématiques (le gisement de *Kovytka* en Sibérie orientale et celui de *Sakhaline 2*, dans le district fédéral d'Extrême orient), les licences d'exploitation sont remises en cause par les autorités, notamment au motif — fort commode pour le pouvoir — de violations de la réglementation en matière d'environnement. *Gazprom*, qui dans les deux cas, avant ou pendant la tourmente judiciaire, se porte candidat au rachat de parts de la concession, obtient systématiquement gain de cause, à un prix largement inférieur à la valeur estimée des actifs (Goes, 2013). Là encore, la collusion entre intérêts économiques et politiques en Russie s'exprime très clairement, au profit des nouvelles élites dirigeantes.

Paradoxe apparent, cette période est aussi celle durant laquelle les investissements directs étrangers atteignent des sommets en Russie. L'explication en est simple : elle tient à la vigueur de la croissance russe. Les entreprises occidentales —au premier rang d'entre elles, les européennes — ne veulent pas manquer une part de ce grand marché potentiel qui est en train de se développer de l'autre côté de l'Europe. En 2007-2008, la Russie devient le quatrième marché européen pour le commerce de détail, derrière l'Allemagne, la France et la Grande Bretagne. Moscou est alors le plus grand marché urbain de biens et services de consommation courante, détrônant Londres, Paris, Milan et Berlin[95]. Les taux de croissance de ces marchés dépassent alors 10 % par an. Les investisseurs occidentaux ne veulent pour rien au monde manquer de telles opportunités de croissance qui ne se présentent plus en Europe occidentale. À leurs yeux la Russie fait partie des « grands émergents », et capter les gisements de croissance suppose de savoir prendre des risques.

3. Depuis 2008, le temps des turbulences

L'année 2008 est celle des premiers chocs sérieux pour l'économie russe. La crise des *subprimes*, dont les autorités russes se sont un temps proclamées immunes, finit par ses répercussions par toucher sévèrement l'économie de la Russie. En provoquant une crise financière internationale et un net repli du commerce international, elle précipite la chute des prix des hydrocarbures et gèle le système bancaire et financier russe, ce qui stoppe la dynamique macroéconomique du pays. Engagée plus tardivement, la récession économique est en Russie plus profonde qu'ailleurs. Le PIB chute de 8 % durant la seule année 2009, malgré une impulsion budgétaire contra-cyclique de plus de 6 % du PIB. À ce moment, un événement militaire représente un point de bascule important. À l'été 2008, la « guerre des cinq jours » (Romer, 2005, p. 89), conflit éclair menée en Abkhazie et Ossétie du Sud, deux républiques séparatistes de la Géorgie contre son président Mikhaïl Saakashvili montre aux autorités russes que l'armée nationale peut mener à bien une opération unilatérale à l'extérieur de son territoire sans encourir de réaction militaire de la part de

---

[95] BOFIT Weekly, 25/04/2008.

ses partenaires occidentaux. Mais elle n'en améliore pas pour autant ses relations avec l'UE, au contraire.

Durant les années qui suivent, la gestion des conséquences de la crise financière par les autorités européennes contribue au développement d'une crise des dettes souveraines, qui se transforme bientôt en véritable crise de la zone euro. Ceci alimente le retournement de l'opinion publique en Russie sur le « modèle » des institutions de l'UE pour la Russie : celles-ci et leurs politiques sont alors réinterprétées par un nombre croissant d'observateurs comme un facteur d'aggravation de la crise et non comme un rempart contre celle-ci. Le parallèle entre l'URSS, moloch bureaucratique qui finit par s'effondrer sur lui-même du fait de ses propres incapacités économiques, et les difficultés de l'Union européenne, est alors de plus en plus utilisé. Ce revirement d'opinion vis-à-vis de l'UE est peu à peu intégré par Vladimir Poutine[96] qui s'efforce alors d'accréditer, en accord avec ses nouvelles priorités politiques et idéologiques, l'idée plus large que la civilisation libérale de l'Occident est engagée dans une impasse et que la Russie doit s'en démarquer pour préserver ses traditions et son identité.

Sur le plan énergétique, l'Union européenne tente de développer les canaux d'approvisionnement gazier alternatifs au système *Droujba* hérité de l'Union soviétique, qui achemine le gaz en provenance de Russie. En face, *Gazprom* fait avancer sa stratégie de contournement des pays de transit que sont l'Ukraine et le

---

[96] Cette rhétorique s'est développée depuis. Voir par exemple les déclarations de Vladimir Poutine à propos de l'UE en décembre 2016 : http://www.express.co.uk/news/world/746831/Vladimir-Putin-conference-EU-soviet-union-brussels-European-Union-supreme-council
(Dernière consultation : 3 avril 2017)

Belarus par la construction du gazoduc sous-marin *Nord Stream*. La concurrence que se livrent les différents projets de gazoducs est féroce. Elle se conclut par l'abandon du projet *Nabucco* soutenu par la Commission européenne, qui proposait la création d'un nouveau couloir d'approvisionnement par le sud-est de l'Europe, susceptible de connecter l'UE aux ressources d'Asie centrale. En revanche, *Nord Stream* voit le jour en mer baltique, affaiblissant le pouvoir de négociation de l'Ukraine vis-à-vis de *Gazprom*. Toutefois, la victoire de *Gazprom* n'est pas totale. Les fortes fluctuations des prix du pétrole entre 2008 et 2009 et une stratégie hasardeuse d'endettement en devises l'ont fragilisé. Ses appétits en matière de rachat de distributeurs ouest-européens sont par ailleurs contrariés par un projet de directive porté par le Parlement européen, qui interdit à un opérateur énergétique dominant dans le domaine de la production et du transport d'acquérir des positions en Europe occidentale dans celui de la distribution. Ce texte, par ailleurs cohérent avec la politique globale de la concurrence de l'UE, est interprété comme une véritable « directive anti *Gazprom* » (Mandil, 2008, p. 17).

Un élément dégrade encore davantage la relation UE-Russie durant cette période : il s'agit du programme de partenariat oriental de l'Union européenne. Mené avec le concours actif de la Suède et soutenu par la Pologne et les pays Baltes, fers de lance de la lutte contre l'influence russe en Europe, il vise à associer de plus en plus étroitement à l'UE plusieurs pays non membres issus de l'Union soviétique : l'Arménie, l'Azerbaïdjan, le Belarus, la Géorgie, la Moldavie et l'Ukraine. Il est accéléré par la guerre russo-géorgienne de 2008. En réponse à ce qu'elles considèrent comme une ingérence de plus de l'UE dans son domaine d'influence réservé, les autorités de la Russie proposent à plusieurs de ces pays de s'engager dans un processus d'intégration économique régional sous la forme initiale d'une Union douanière, appelée à s'approfondir par la suite avec la création d'une Union Économique Eurasiatique. L'Arménie, fragilisée par son conflit latent avec l'Azerbaïdjan voisin et sa dépendance énergétique envers la Russie, finira par accepter. Elle est désormais membre de l'Union Économique Eurasiatique et n'a pas souhaité signer de nouvel accord avec l'UE.

De son côté, l'Ukraine est alors en proie à des difficultés financières grandissantes. Le gouvernement de Viktor Ianoukovitch est alors loin d'être aussi pro-occidental que ses prédécesseurs issus de la révolution orange. Il reporte initialement son choix entre les propositions russe et européenne. Mais à l'automne 2013, alors que les pressions exercées par la Russie montent sérieusement à l'approche de la signature de l'accord de libre échange complet et approfondi (ALECA) avec l'UE, le président Ukrainien annonce qu'il repousse *sine die* sa signature de l'ALECA, prévue pour la fin du mois de novembre. Cette décision provoque les rassemblements de la place *Maidan*, déclenchant la première d'une suite de déflagrations dont l'aboutissement sera le renversement du pouvoir ukrainien, l'annexion de la Crimée et la guerre dans le Donbass (Armandon, 2016). Le niveau actuel des turbulences entre l'Union européenne et la Russie est largement le fruit de ce processus.

4. Quelles perspectives ?

Les fondamentaux de la relation UE-Russie sont asymétriques car les dimensions économiques des partenaires sont très différentes. Au taux de change courant, la taille de l'économie russe est l'équivalent de celle de l'Espagne. L'Union européenne crée chaque année huit fois plus de richesses que la Russie. Tandis que l'UE représente près de 50 % des échanges de la Russie, cette dernière ne pèse pas plus de 4 à 5 % de ceux de l'UE. À cette asymétrie dimensionnelle s'ajoute une asymétrie qualitative : les exportations de l'UE sont constituées de biens à fort contenu technologique, ce qui est loin d'être le cas des matières premières et produits de base exportés par la Russie. Malgré des conditions locales parfois difficiles, de nombreuses multinationales européennes ont pris pied en Russie et y ont développé leurs méthodes de gestion et leurs réseaux, qui ont une réelle influence sur le fonctionnement de secteurs entiers sur le terrain, tandis que la présence économique russe en Europe occidentale est parcellaire et à peine perceptible.

Pour ces raisons, la Russie dépend de manière vitale de l'Europe occidentale. En sens inverse, les livraisons de matières premières énergétiques russes restent stratégiques pour l'UE, qui se trouve en situation de dépendance extérieure croissante avec l'épuisement progressif de ses gisements en mer du Nord (Bilgin, 2009). La relation économique entre les deux partenaires, bien que déséquilibrée, est structurellement solide. Elle continuera à l'avenir de se situer aux niveaux atteints durant les dernières années, même si les relations diplomatiques entre les pays occidentaux et la Russie ne s'améliorent pas.

En revanche, la capacité de l'économie de la Russie à prendre le virage du développement économique en construisant un environnement favorable à la croissance de la productivité et de la qualité des productions locales dépend dans une large mesure de la nature de son ouverture à l'Europe occidentale. Si elle demeure dans une situation d'isolement relatif sur les plans technologique et institutionnel, elle repoussera d'autant les possibilités de montée en puissance de son tissu productif et restera enfermée dans un régime d'accumulation de type rentier, qui constitue la cause principale de ses fragilités structurelles et explique la stagnation économique constatée depuis une décennie dans le pays. Les dynamiques observées actuellement en Russie vont plutôt dans le sens d'un renforcement de la logique rentière : les forces tendant à une isolation croissante des acteurs économiques russes des flux internationaux de technologies et d'idées sont actuellement dominantes, ce qui présente le risque, à terme, d'une marginalisation et d'une arriération croissante de pans entiers de l'économie, hormis certains secteurs prioritaires, comme au temps de l'Union soviétique.

Dans ce contexte, l'impact structurel d'un pivot vers l'Asie, parfois proclamé par le pouvoir russe, paraît limité. Les contraintes géoéconomiques — la population et les activités économiques sont très majoritairement situés dans la partie occidentale de l'immense territoire russe —, la dimension qualitative de ce pivot — en particulier la possibilité que des transferts significatifs de technologies aient lieu en Russie en provenance de la Chine —, et les questions institutionnelles — la capacité discutable de la Chine à stimuler en Russie le développement des institutions nécessaires pour accroître à moyen terme son potentiel de développement économique — incitent à être prudent quant aux perspectives économiques réelles, au-delà du court terme, qu'offre ce potentiel pivot à la Russie. Géo-économiquement indiscutable, l'intensification des échanges de la Russie avec l'Asie n'est pas porteuse de transformations économiques majeures pour le pays (Vercueil, 2017b).

En revanche, la nouvelle donne constituée par l'arrivée de D. Trump et de son équipe au pouvoir peut être source de changements dans la relation de la Russie avec les États-Unis. Ceci peut avoir des effets en retour sur sa relation avec l'Union européenne, qui n'iront pas nécessairement dans la direction d'un apaisement. On peut imaginer qu'à court terme, des dissensions croissantes se fassent jour au sein de l'UE sur le devenir des sanctions à l'égard de la Russie. Par nature, l'effet de ces dissensions sur la politique globale de l'UE est toutefois difficile à prévoir.

Il est probable que les relations économiques actuelles entre l'UE et la Russie aient atteint aujourd'hui leur étiage. Leur reprise éventuelle, dans un contexte sans grand changement, n'aurait pas d'impact déterminant sur la trajectoire macroéconomique de la Russie. Car les clés des nombreux problèmes structurels que connaît actuellement l'économie du pays ne se situent pas dans sa relation avec ses partenaires. Pour l'essentiel, elles sont aux mains de ses dirigeants.

Références bibliographiques

Armandon E., 2016 : *Géopolitique de l'Ukraine*. PUF (coll. Que Sais-Je ?).

Bilgin M., 2009 : « Geopolitics of European natural gas demand : supplies from Russia, Caspian and the Middle East », *Energy Policy*, Vol.37, n°11, november 2009, p. 4482-4492.

Busygina I., Filippov M., 2013 : « Resource Curse and Foreign Policy : Explaining Russia's Approach towards the EU », in Godzimirski J. (Ed.), *Russian Energy in an Changing World. What is the outlook for the Hydrocarbons Superpower ?*, Farnham : Ashgate, 2013, p. 91-110.

Goes S., 2013 : « Foreigners in the Russian petroleum sector : the cases of Sakhalin-II and TNK-BP », Ph. D Thesis, University of Tromso : Faculty of Humanities, Social Sciences and Education, [en ligne],
http://munin.uit.no/bitstream/handle/10037/5348/thesis.pdf?sequence=2&isAllowed=y
Dernière consultation : 03/04/2017.

Mandil E., 2008 : *Sécurité énergétique et Union européenne. Propositions pour la présidence française. Rapport au Premier Ministre.* 21 avril 2008. [En ligne] : https://set.kuleuven.be/archief/docs/mandil_rapport.doc *Dernière consultation : 03/04/2017.*

Romer J.-C., 2015 : *Russie-Europe. Des malentendus paneuropéens.* Paris : L'Inventaire — l'observatoire franco-russe, 108 p.

Sakwa R., 2014 : *Putin and the Oligarch. The Khodorkovsky-Yukos Affair.* New-York : I.B. Tauris.

Vercueil J., 2015 : « Au risque du politique. Situation et perspectives de l'économie russe en 2015 », in Dubien A. (Dir.), *Russie 2015. Regards de l'observatoire franco-russe.* Moscou et Paris : CCIFR – Les éditions du cherche midi, 2015, p. 15-24.

Vercueil J., 2016 : « Le moment politique de l'économie russe », *Revue de défense nationale*, n° 783, octobre 2015, p. 91-97.

Vercueil J., 2017a : « Au rythme du métronome russe. Les répercussions économiques de la crise en Russie dans l'espace post-soviétique », *Les Études du CERI*, n° 228-229, février 2017, p. 25-31.

Vercueil J., 2017b : « L'Asie, un axe économique stratégique pour la Russie ». Entretien. *Diplomatie*, n° 86, mai-juin 2017, p. 51-55.

L'Europe et la Chine face aux dynamiques d'émergence

Guy Schulders,
Université Paris 1 Panthéon Sorbonne

Le monde est en perpétuelle mutation.
Et depuis quelques années les économistes se posent des questions importantes mais difficiles sur les enjeux d'un monde nouvellement reformaté, en constante reconstruction, dont aucun pays ne maîtrise plus vraiment ni les rythmes évolutifs, ni les orientations.

Et dans ce monde qui évolue très vite et que frappent parfois des crises préoccupantes,

➢ **l'Occident** stagne de manière lancinante avec des taux de croissance souvent inférieurs à 1,5 % ;

➢ **l'Afrique**, et dans une certaine mesure aussi l'Amérique Latine, est souvent en proie à d'immenses difficultés, économiques, politiques, sécuritaires et humaines, malgré l'amélioration incontestable des taux de croissance et du niveau de vie de certains pays depuis 2010-2011 et le refus, proclamé avec force de l'afro-pessimisme ;

➢ **l'Asie,** s'est parfois envolée sous la pression des taux de croissance très élevés, concernant des pays souvent très peuplés et la Chine, encore plus rapidement que l'Inde, a connu un démarrage spectaculaire sous l'impulsion des mesures d'ouverture de Deng Xiaoping et a suscité beaucoup d'espoirs auprès de ses classes moyennes, mais aussi auprès de ses clients, de ses fournisseurs étrangers et auprès de ses partenaires pauvres des pays du Sud, en particulier de l'Afrique et de l'Asie du Sud-Est.

Ces évolutions, ont conduit à des synergies nouvelles entre des pays aux superficies, aux populations, aux richesses, mais surtout aux cultures très différentes.

Mais l'Europe comme la Chine a dû adopter depuis plusieurs années une vitesse de croisière qui a sensiblement ralenti leurs activités, au grand dam de leurs classes moyennes, mais aussi de leurs partenaires qui attendaient beaucoup de ces pays.

Mais dans cette période de mondialisation à la fois mouvementée et prometteuse l'émergence est devenue l'objectif des tous les pays en voie de développement, dont certains sont déjà bien avancés sur la voie de l'industrialisation.

Comment les pays en difficulté des continents africain, latino-américain ou du Sud-Est asiatique font-ils évoluer leurs processus de croissance vers une dynamique de développement, puis d'émergence, sur la base de synergies nouvelles, développées avec l'Europe et la Chine, mais également avec les BRICS et les autres régions du monde ?

<u>Nous nous sommes posé trois questions fondamentales</u> :

• 1 — quel cheminement ont suivi la Chine et les autres BRICS pour dynamiser leur processus d'émergence ? Mais surtout : à quelles limites se heurtent-ils désormais ?

• 2 — quelles mesures économiques, politiques et sociales les autres pays du Sud doivent-ils mettre en œuvre pour s'acheminer vers des évolutions comparables ? en particulier : que peuvent retirer les pays africains, latino-américains, du Sud-Est asiatique des expériences d'émergence globalement réussies menées par les pays regroupés sous le concept de BRICS et des coopérations avec les pays de l'Union européenne et les autres pays occidentaux ?

• 3 — comment s'établissent et surtout comment évoluent désormais les rapports de la Chine avec l'UE ?

1. Le cheminement suivi par les brics et les limites qu'ils doivent désormais admettre

• Pendant de nombreuses années, la Chine et les autres BRICS ont accumulé des éléments de croissance pour promouvoir un décollage de leur économie : suivant le cheminement analysé par Walt W. ROSTOW[97], ils ont tous connu phase préalable à leur décollage, puis mis en œuvre un décollage non ambigu ; leur retard se comblant peu à peu, une vitesse de croisière plus ou moins longue caractérisée par un ralentissement incontestable des taux de croissance a concerné les appareils de croissance nationaux (le *drive to maturity* de ROSTOW). Puis les économies ont vu stagner leurs taux de croissance et tenté parallèlement de développer une « ère de consommation de masse » (la *mass consumption*).

Les spectaculaires phases de décollage observées se sont généralement produites sous l'influence d'un facteur déclenchant lié à une mutation systémique mais aussi attisé par des besoins de rattrapage.

- En Chine, ce fut l'ensemble des initiatives d'ouverture, voire de libération d'abord modérée de l'économie, initiées par Deng Xiaoping qui a permis ce décollage.

---

[97] Walt Whitman ROSTOW est un économiste américain devenu célèbre après la publication en 1960 de ses *Etapes de la croissance économique*. Il fut également Conseiller à la Présidence Américaine de 1961 à 1968. Alors que nous étions en poste à l'Université Omar Bongo au Gabon, il nous a fait l'honneur de nous recevoir à l'Université d'Austin (Texas) pour nous expliquer comment il envisageait le décollage économique à venir de la Chine puis de l'Afrique.

- Au Vietnam, la Doi Moi (en fr. le renouveau) a également impulsé une orientation d'ouverture et de relative libéralisation des marchés qui a accéléré la croissance économique du pays (régulièrement plus de 6 % l'an).
- En Russie, les orientations économiques plus souples en même temps qu'une dynamisation des unités gazières et pétrolières du pays ont permis une transition économique de l'Union soviétique vers la Russie actuelle ;
- En Inde et au Brésil, l'ouverture plus grande aux échanges avec les pays étrangers souvent plus riches et intéressés par leurs richesses minières ou pétrolières a également permis le décollage.

Après ces phases de décollage parfois spectaculaires, la croissance a adopté dans tous ces pays une vitesse de croisière qui a conduit à un ralentissement des taux de croissance.

Mais à quel taux peuvent-ils stabiliser leur croissance ? Pour l'heure (en 2006) l'Inde est à 7,6 %, la Chine tout au plus à 6,6 % (autant que les statistiques disponibles puissent être fiables), l'Afrique du Sud à 0,1 %, le Brésil en croissance négative à -3,3 %, comme la Russie à -0,8 %.

En Chine, si la croissance se stabilise à plus de 7 %, le pays a la possibilité de mettre en œuvre les programmes de croissance et de développement prévus par les plans, en particulier pour la dynamisation de ses provinces. À moins de 6 %, cela devient plus difficile. La Chine sera sans doute entre 6,1 % et 6,5 % en 2017.

Le ralentissement des Occidentaux, en particulier des pays de l'Union européenne, depuis quelques années a entraîné une réduction des leurs importations, donc des exportations chinoises à leur intention, donc un ralentissement des processus productifs de la Chine, de ses taux de croissance, donc par ricochet, de ses besoins d'importation des matières premières des pays du sud.

Parallèlement, la Chine s'efforce donc de faire porter sa croissance économique davantage sur sa consommation intérieure et moins sur ses exportations.

Essayant d'imiter les expériences chinoises et de collaborer avec l'Europe et les autres pays occidentaux, outre les autres BRICS, existent de nombreux regroupements plus ou moins hétérogènes de pays qui aspirent également au développement, à l'industrialisation, à l'émergence. Mais les critères exacts de l'émergence ne sont jamais rigoureusement définis ni uniformes d'une étude à une autre. Cela conduit à évoquer de nombreuses dynamiques et à regrouper les pays qui auraient a priori des points communs dans la réussite de leurs processus de croissance, puis de développement, puis d'émergence : (BRICS, MIST, Dragons, Tigres, Panthères, Jaguars).

2. Que doivent mettre en œuvre les autres pays du Sud pour dynamiser leurs propres processus d'émergence ?

<u>*quelles orientations et mesures pour l'émergence ?*</u>
• les dynamiques se font sur la base de nouvelles synergies liées à la mondialisation
• Mais effet masse + dutch disease + effet de dépendance

1. Aménager judicieusement les ressources

Afin de mettre en œuvre et de soutenir leurs processus de croissance, de développement, d'industrialisation comme d'émergence, les pays doivent
- s'appuyer sur les richesses que leur fournissent leur dotation factorielle, leur sol et leur sous-sol,

- leurs populations plus ou moins nombreuses, qu'il convient impérativement d'alphabétiser, de scolariser et de former.

- Ils pourront également solliciter des aides et des crédits qui seront octroyés par des organisations internationales d'aide au développement, mais aussi par des pays partenaires plus riches et par des investisseurs étrangers.

2. Formation et développement

Theodore SCHULTZ, célèbre économiste américain de l'Université de Chicago, comme Gary BECKER, ont insisté sur *« les fondements du capital humain »* et posé les bases d'une *corrélation entre l'éducation et la scolarité des enfants et la productivité économique* qui en découlait à terme : ces auteurs démontrent *« qu'un agriculteur qui sait lire et écrire est généralement plus productif dans les pays en développement qu'un analphabète »*.

On passe de $DY = f(DK)$ à $DY = g(DK, DL)$

Les pays, selon la célèbre *« loi de proportion des facteurs »* (ou théorème H-O-S, évoqué par Heckscher, Ohlin et Samuelson), ne se spécialiseront bien sûr pas dans le même type de production et échangeront leurs produits selon des *« triangles d'échange internationaux »* qui leur seront spécifiques, chaque pays trouvant un avantage dans l'achat à l'étranger de produits que sa propre dotation factorielle ne lui permet pas de fabriquer facilement, et inversement

3. Interconnexions et réciprocités

évolutions très incertaines et surtout très inégales de l'économie mondiale liées à la chute des prix du pétrole, comme à celle d'autres matières premières, a eu parfois sur certains pays des effets dramatiques, car elle a entraîné une forte diminution des revenus par habitant des pays en développement : certains revenus *per capita* ont parfois été divisés par deux, dans des pays comme la Libye ou le Nigeria.

En règle générale les pays en développement, mais aussi certains pays émergents (Russie et Brésil) ont été concernés par les crises pétrolières plus fortement que les pays industrialisés occidentaux et l'on peut supposer, que les crises de l'énergie à venir représenteront encore, si elles ne sont pas stoppées à temps, un sérieux facteur de handicap pour le développement, l'industrialisation et pour l'accès à l'émergence des pays du Sud.

4. La nécessaire modernisation des infrastructures nationales

La modernisation des infrastructures nationales concerne conjointement :
- les structures économiques et politiques,
- mais aussi, d'une manière quantitative et surtout qualitative, les structures démographiques et socioculturelles.

Il importe, en premier lieu, d'évoquer le nombre et la répartition des travailleurs dans les différents secteurs économiques des pays en quête de développement et d'émergence.

5. La modernisation économique et politique

3 points doivent être évoqués :
• souvent : dynamiques économiques et politiques incertaines sur fond d'évolutions systémiques sans doute inachevées, rendues nécessaires par l'adaptation de l'économie à l'ouverture et à la mondialisation
• L'existence d'un *secteur informel important* relève d'une économie souterraine rarement répertoriée dans les

statistiques locales et qui rend également très complexe, pour les équipes dirigeantes qui n'en connaissent souvent ni le montant ni la localisation, la possibilité d'améliorer l'efficacité des activités au niveau national.

• Les problèmes politiques ainsi que la réflexion concernant les styles de gouvernance des pays en développement sont désormais régulièrement évoqués et fortement pris en considération par les organismes internationaux, par les partenaires politiques, mais aussi par les investisseurs étrangers potentiels dans ces pays qui raisonnent en termes de *« risque pays »*.

• **Le thème de la *« bonne gouvernance »*** rappelle en effet la nécessité de tempérer les États autoritaires non démocratiques, qui se transforment parfois en dictatures militaires brutales, violant régulièrement les Droits de l'Homme.

Le concept de *« démocratie »* peut ne pas être compris ou interprété de la même manière par les États de tous les continents ou par des populations de cultures différentes.

Un pays ne saurait critiquer une démocratie étrangère pour la seule raison qu'elle ne correspond pas strictement aux critères qu'il s'impose à lui-même.

6. La maîtrise démographique et les critères socio-culturels

L'exemple des dynamiques démographiques de certains pays africains reflète une morphologie de leur population souvent typique pour un pays en difficulté de développement et difficilement compatible avec développement et émergence.

Le cas du Niger : 17,5 millions d'habitants, l'accroissement naturel de la population est de 3,9 %, l'indice moyen du taux de fécondité de 7,6 enfants par femme (le plus haut taux mondial), le taux de natalité est très élevé, de 46 ‰ ; le pays compte beaucoup de jeunes enfants (49,2 % de la population a moins de 15 ans) qu'il conviendra de nourrir, d'éduquer, de soigner et de former ; le taux de mortalité moyen de la population est de 11,1 ‰ ; la mortalité infantile y est très forte (81 ‰) ; la population a une très basse espérance de vie à la naissance (58,4 ans), etc[98].

De manière localisée, certaines provinces de grands pays asiatiques présentent également des critères démographiques extrêmes, comme par exemple en Inde ou au Pakistan où d'importantes différences caractérisent les multiples castes ou ethnies du pays.

3. Les relations économiques entre la Chine et l'Union européenne

Le récent mouvement d'ouverture et de mondialisation a conduit les grands ensembles nationaux à échanger leurs produits et leurs capitaux et à créer de nombreuses synergies entre eux.

Trois grands ensembles de pays se caractérisent désormais par leur richesse et leur population dans un monde très diversifié :

• *Monde (2016) (7,3 mds habitants, 78.000 mds $ de PNB)*
• *la Chine (1,370 md habitants, 11.520 mds $ de PNB)*
• *les États-Unis (324 mns h, 18.670 mds $ de PNB)*
• *l'Union européenne (27 États, 510 mns h, 19.000 mds $ de PNB)*
• *Ces trois ensembles abritent à eux seuls 2,2 mds h (>30 % du monde) et produisent 50.000 mds $ de PNB (64 % du PNB mondial).*

---

[98] Données de l'Institut National de la Statistique du Niger : *Annuaire statistique des cinquante ans d'indépendance du Niger* (archives).

La Chine, qui a connu un décollage économique relativement récent a depuis Deng Xiaoping adapté ses structures politiques et économiques de manière à pouvoir acheter à l'étranger les produits dont sa population et son économie ont besoin et à lui vendre les produits qu'elle fabrique.

Considéré deux par deux (Chine et UE par exemple), les pays sont à la fois clients et fournisseurs, mais aussi investisseurs et partenaires.

La Chine exporte 25 % de son PNB, l'UE 45 % et les USA 15 %. Certains pays comme la Corée du Sud exportent plus de 50 % de la valeur de leur PNB.

Mais dans l'économie mondialisée, ils deviennent également concurrents

Dans ce cas, l'amélioration de la croissance et l'émergence d'un pays augmentent son degré de richesse et aussi ses salaires, rendant la concurrence beaucoup plus difficile sur le terrain du commerce extérieur et certains pays, comme la Chine, essayent de diminuer la part de leurs exportations et d'augmenter celle de leur consommation intérieure.

1. La Chine, l'Europe, l'Allemagne et la France

Sur les 28 États, certains sont orientés de la même façon depuis longtemps ; d'autres, membres plus récents de l'UE sont issus de l'ex-URSS et n'ont pas les mêmes habitudes ni les mêmes comportements face aux problèmes économiques, surtout financiers et commerciaux.

Depuis février 2016, durcissement de la relation Chine — Europe[99] autour

• des problèmes de l'acier[100]

---

[99] *L'Allemagne salue les investissements chinois dans la finance*, Reuters 09/05/2017.

• du statut de l'économie de marché réclamé par Pékin, mais que certains Européens sont réticents à lui accorder,
• Ce point du raidissement européen face à Pékin, a coïncidé avec les perspectives du Brexit.

Il y a des difficultés passagères entre la Chine et l'Allemagne.

Ancien allié privilégié de Pékin en Europe, l'Allemagne, considéré par la Chine comme le pays le plus utile à sa montée en gamme technologique, s'est récemment plusieurs fois plainte et souhaite tenir à distance les risques de transferts de technologies acceptés sans retenue pour des raisons commerciales ou/et financières.

Face à la Chine, cette angoisse allemande est objectivement attisée par une série de faits qui donnent l'impression que les Chinois tirent largement profit du libre commerce pour s'approprier des technologies sensibles, tout en limitant eux-mêmes à l'égard des partenaires étrangers l'accès à plusieurs secteurs de leurs marchés.

2. *La relation Chine-Allemagne face au protectionnisme.*

Alors que, selon l'OCDE, les intérêts chinois jouissent en Occident d'une vaste liberté de manœuvre, à l'inverse, la Chine est, de loin, une puissance industrielle beaucoup plus fermée *où les marchés publics sont rarement attribués à des groupes étrangers.*

L'accélération spectaculaire des investissements chinois en Allemagne mais aussi en France, a donc jeté la suspicion.

Durant les 6 premiers mois de 2016, les capitaux chinois ont fait l'acquisition de plus de 40 sociétés

---

[100] *Allemagne : en pleine campagne électorale, le SPD s'oppose à une fusion dans l'acier*, Thibaut MADELIN, 11/05/2017

allemandes et pris des parts minoritaires dans 6 autres. Au point que 17 % des investissements chinois en Europe l'ont été en Allemagne.

L'empreinte économique et commerciale chinoise à l'étranger a doublé depuis 2014 : 77 M^{ds} $ de capitaux chinois ont été investis en Europe — dont 12,1 M^{ds} de $ en Allemagne (15 %), entre janvier et août 2016, soit 8 fois plus que durant le premier semestre 2015) —. Cette dynamique a fait que l'Allemagne est devenue, après 2015, la première destination des capitaux chinois en Europe, devant le Royaume Uni.

Fait important, la plupart des entreprises ciblées par la vague chinoise sont des *fleurons de technologies* de pointe ou considérées comme telles par la classe politique allemande.

3. Chine-Europe. La guerre de l'acier et le statut d'économie de marché

En Chine l'impératif d'expansion à l'extérieur est devenu une exigence pour les grands groupes menacés d'asphyxie par un marché domestique atone.

L'ouverture de marchés, une nécessité vitale pour les groupes chinois...

Aujourd'hui, alors que la Chine doit faire face à de nombreuses accusations ciblant ses pratiques de dumping[101].

Mais son exportation est devenue vitale pour ses grands groupes en difficulté *accablés par d'importantes surproductions*, la levée de ses barrières commerciales devient difficile.

---

[101] Plusieurs ministres européens de l'économie ont adressé une lettre commune à la Commission européenne afin de faire part de leurs inquiétudes face à ce qu'ils jugent être des méthodes commerciales déloyales de la part des aciéristes chinois (Maxime PERROTIN, L'acier chinois bien trempé, 9 février 2016, *sputniknews.com*).

Et en Europe de l'ouest, la perspective que les productions chinoises inondent sans limites le marché européen soulève des problèmes de survie des vieilles industries comme celle de l'acier.

Ces derniers mois, l'arrivée en Europe d'acier chinois aux prix cassés a mobilisé des protestations en Grande-Bretagne, en France et en Italie créant une situation politique tendue, désormais ponctuée par une campagne publique pour la protection des emplois européens.

En janvier Tata Steel Europe, le plus gros aciériste britannique annonçait plus de 1000 licenciements qui s'ajouteront au 4000 d'octobre 2015.

En Europe, les importations d'acier chinois sont passées de 4,5 millions de tonnes en 2014 à 7 millions de tonnes en 2015. Il s'en est suivi une sévère pression sur les prix de l'acier mondial. Après un pic de 2012 à 900 $ la tonne ces derniers sont retombés au plancher de 592 $/tonne en février 2015, voisin de celui de 2009. Selon Tata Steel, en Europe les prix de l'acier laminé à chaud tomberont à 267 $/tonne en 2016, soit une baisse moyenne de 13,5 %.

En novembre 2015, 9 groupes industriels de l'acier aux États-Unis, au Canada, au Brésil, au Mexique et en Europe pointaient du doigt la responsabilité de la Chine dont les surcapacités et les exportations d'acier à prix cassés ajoutaient au marasme du secteur.

Récemment Karl-Ulrich Köhler PDG de Tata Steel a prévenu que la compétition avec l'acier chinois subventionné par Pékin devenait impossible[102].

En Chine le secteur de l'acier est lui-même en proie à un sévère désarroi, marqué par des pertes importantes, l'accumulation de dettes et des perspectives de fermetures et de licenciements en série.

---

[102] *IG Metall demande le gel du projet Thyssenkrupp-Tata, Reuters 02/05/2017.*

Produisant 48 % de l'acier mondial la Chine exporte ses surplus qui pèsent sur les cours depuis 2011.

La Chine en transition

S'il est vrai que les reformes en cours de l'économie chinoise visent à rapprocher son système de socialisme à la chinoise des lois du marché, elle peut néanmoins s'attendre à des phases douloureuses et complexes.

Il est également vrai que les priorités du 13e plan renvoient à des buts jugée vertueux par la Commission :
1) accélérer les réformes socio-économiques ;
2) stimuler la correction des atteintes à l'environnement ;
3) activer le schéma de croissance par la consommation ;
4) tout en luttant contre la corruption et
5) en réformant l'État de droit.

Déficit commercial de l'Union européenne

- Le déficit commercial de l'Union avec la Chine était de 200 M$^{ds\,\$}$ en 2015. (Eurostat).
- 97 % des produits importés par les pays de l'Union sont des produits manufacturés.
- La Chine est le 2e partenaire commercial de l'UE après les États-Unis.
- L'UE critique la Chine pour ses atteintes au droit des affaires et au droit de propriété intellectuelle.

Conclusion

Il convient avant tout d'éviter les turbulences :
Positif de passer des structures économiques très fermées ou strictement étatisées ou planifiées à une organisation économique de marché, à une économie ouverte (importations et exportations), à une économie mondialisée.

Mais passer trop rapidement du système planifié fermé à une forme non maîtrisée de turbo-capitalisme ouvert entraîne des risques de turbulences, qui se transforment rapidement en risques de cassures.

- **_Le Spirituel_** : les convictions philosophiques ou religieuses, les habitudes culturelles, familiales, le respect des ancêtres, caractérisent toutes les nations ;
- **_Le Naturel :_** la démographie (jeunes, vieux, mortalité, espérance de vie), la climatologie, l'environnement et les ressources du sol ;
- **_Le Matériel :_** est-on riche ou pauvre ? avec des infrastructures, des routes, de l'électrification de l'eau potable ? enseignement ? médecine ? etc ;
- **_Les Risques de cassures_** : si le spirituel, le naturel, le matériel n'évoluent pas de manière synchrone, il y aura des risques de cassures, voire des tensions sociales, économiques et politiques.

Et que nous soyons Chinois, Américains, Européens ou Africains, nous sommes désormais tous embarqués sur une même pirogue et les eaux ne sont pas toujours très calmes…

Les pays de l'Union européenne et le commerce extérieur à l'heure de la sortie du Royaume-Uni

Jean-Paul Guichard,[*]
Université Paris 1 Panthéon Sorbonne

Introduction

La crise politique qui affecte de nombreux pays de l'Union européenne est le fruit d'une crise économique et sociale grave. La gravité de cette crise peut être repérée à l'aide de différents indices de sous-emploi, notamment le taux de chômage, rapport (en %) entre le nombre d'actifs sans emploi et le nombre d'actifs. Ce taux dépasse souvent 10 % et atteint même, dans certains pays, 20 % ou davantage.

Cette insuffisance de l'emploi au regard de la population active résulte d'un processus déjà ancien, qui affecte la plupart des vieux pays industrialisés : la « désindustrialisation ». Mais d'où vient donc ce fléau ? Pour les pays développés, au moins pour la plupart d'entre eux, il résulte des modalités actuelles du commerce international : certains pays, en premier lieu la Chine, développent une politique « protectionniste »[103] agressive,

---

[*] Jean-Paul Guichard est co-auteur, avec Antoine Brunet, du livre *La visée hégémonique de la Chine (L'Harmattan, 2011)* publié en Russie sous le titre *Guéopolitika mercantilisma* (Noviy chronograph, 2011), ainsi que du livre *L'Etat-parti Chinois et les multinationales, l'inquiétante alliance* (L'Harmattan, 2014), édition russe en cours (Noviy chronograph)

[103] Le protectionnisme de la Chine s'exprime de plusieurs façons : par des manipulations monétaires conduisant à une très importante sous-évaluation de la monnaie chinoise, par du dumping en relation avec des énormes surcapacités de production (qui résultent elles-mêmes de l'énorme part des investissements dans le PIB de la Chine et,

mercantiliste[104], avec le concours d'une grande partie des firmes multinationales qui y trouvent leur intérêt, ce qui rend impossible l'équilibre du commerce international. Les pays anciennement industriels voient leurs firmes investir désormais en Chine (ou ailleurs), là où elles peuvent réaliser des profits élevés plutôt que dans leurs pays d'origine.

Ces vieux pays industriels qui sont aujourd'hui en voie de désindustrialisation sont, de ce fait, obligés d'acheter de plus en plus de produits manufacturés à l'extérieur alors même qu'ils sont de moins en moins capables d'exporter leurs propres produits ; cela s'exprime par l'existence de déficits à répétition de leur commerce extérieur. Ces déficits du commerce extérieur provoquent à leur tour des déficits budgétaires des États et une tendance à la montée de l'endettement, qu'il s'agisse de l'endettement privé ou public[105].

Dans le grand jeu de la mondialisation, tous les pays ne sont pas dans la même situation si on considère les créations ou bien les destructions d'emplois : il y a des « gagnants », les pays qui réalisent des excédents commerciaux importants au niveau des produits manufacturés et dont les industries ont une croissance rapide, notamment en ce qui concerne les effectifs employés, et il y a des « perdants », les pays qui ont des

---

corrélativement, par la faiblesse des salaires), par diverses mesures administratives, en Chine, destinées à favoriser les entreprises chinoises.

104 Le mercantilisme, qui consiste pour les pays « mercantilistes » à rechercher durablement des excédents commerciaux au détriment des pays déficitaires, est un vieux problème ; sa théorie a été remarquablement exposée, au 17e siècle, par William Petty, dans son ouvrage *L'arithmétique politique*.

105 A titre indicatif, l'endettement public de la France, exprimé en pourcentage du PIB (Produit Intérieur Brut, en anglais le GDP) dépasse 100 %.

déficits commerciaux et qui voient leur potentiel industriel s'étioler progressivement. À la notable exception de l'Allemagne et des Pays-Bas, les pays de l'Union européenne, y compris le Royaume-Uni qui est encore dans l'Union, font partie des « perdants »[106].

Sera envisagée, ci-après, la situation actuelle des pays de l'Union européenne à la lumière de leur commerce extérieur, selon que celui-ci est excédentaire ou déficitaire, en distinguant :

– les relations entre l'Union européenne et le reste du monde

— les relations entre les pays de l'Union européenne.

Afin de simplifier la description, on envisagera des groupes de pays et on négligera un certain nombre de petits pays.

1. Le monde et l'Union européenne

Aujourd'hui, le commerce extérieur du monde est, dans une large mesure, organisé autour du duo Chine/États-Unis : le pays qui aspire à l'hégémonie mondiale, la Chine, et le pays encore hégémonique mais sur le déclin, les États-Unis ; il y a aussi un troisième pôle, important parce qu'il domine désormais l'Union européenne, l'Allemagne mercantiliste, qui est à l'Europe ce que la Chine est au monde. L'Union européenne apparaît ainsi, du point de vue du commerce extérieur, comme un ensemble ayant deux problèmes majeurs : l'un qui est externe, il s'agit du déficit global avec la Chine qui

---

[106] La catégorisation des pays entre des « gagnants » et des « perdants » est faite sur la base du critère des emplois offerts aux populations de ces pays ; si on prend comme critère, le profit des entreprises, notamment de celles (elles sont nombreuses) qui font du « business » avec la Chine, la vision est très différente ; alors que la plupart des pays développés ont une croissance qui stagne, la bourse et les profits sont orientés à la hausse.

détermine la désindustrialisation de l'Union, l'autre qui est interne, il s'agit du déséquilibre entre le nord (l'Allemagne principalement) et le sud.

La situation des États-Unis est aujourd'hui fort différente de ce qu'elle fut au lendemain de la chute du mur de Berlin : ils étaient alors l'unique « super puissance » ; tel n'est plus le cas, leur hégémonie est désormais contestée par la Chine grâce au gigantesque déséquilibre commercial qui s'est emparé du monde ; les États-Unis ont, depuis longtemps déjà, un très important déficit commercial, principalement avec la Chine : c'est lui qui est responsable de l'inversion de puissance qui est en cours.

La Chine, qui est devenue « l'atelier du monde », est le grand pays mercantiliste qui a d'énormes excédents commerciaux[107] pour les produits manufacturés : d'abord avec les États-Unis, mais aussi avec l'Union européenne, et même avec le Japon. Elle est désormais le rival des États-Unis pour l'hégémonie mondiale.

L'Allemagne est le deuxième plus important pays mercantiliste du monde avec un excédent commercial qui approche 9 % de son PIB[108] ; l'Allemagne a des excédents avec ses partenaires de la zone euro, notamment la France, avec le Royaume-Uni, les États-Unis, le reste du monde ; avec la Chine, son commerce est toutefois relativement équilibré.

---

107 La Chine enregistre en 2016 un excédent de sa balance courante de l'ordre de 600 milliards de dollars. Comme elle doit importer pour 150 ou 200 de produits énergétiques, de produits alimentaires ou de matières premières, cela signifie que son excédent pour les produits manufacturés approche les 800 milliards de dollars.
108 L'importance de cet excédent, qui est déstabilisant pour les partenaires commerciaux de l'Allemagne, notamment pour le Royaume-Uni, est dénoncé par M. Mervin King (un professeur de la *London school of economics* qui fut pendant dix ans gouverneur de la *Bank of England*) dans un ouvrage récent, *The end of alchemy* (2016)

Les pays ayant des déficits commerciaux en ce qui concerne les biens manufacturés subissent un mouvement de désindustrialisation qui s'accompagne d'une montée du sous-emploi, d'une montée de l'insécurité, des déficits publics et de l'endettement. Les États-Unis sont dans ce cas depuis longtemps[109] : leurs déficits successifs avec la Chine sont abyssaux ; le phénomène est ancien puisqu'il remonte aux années 90 (ils avaient à l'époque des déficits importants avec le Japon) mais il se produit une accélération dans les années 2000 avec l'entrée de la Chine à l'OMC (Organisation Mondiale du Commerce) en 2001 grâce à l'accord donné par le Président Clinton en 1999. Le Royaume-Uni et le sud de l'Europe (dont la France) enregistrent des déficits commerciaux avec la Chine et avec l'Allemagne, ce qui provoque désindustrialisation, chômage, déficits publics, déstabilisation de la société, crises politiques. On le voit, les États-Unis, le Royaume-Uni, les pays de l'Europe latine sont dans des situations économiques similaires ; cela engendre le développement de ce qu'il est convenu d'appeler des mouvements « populistes ».

Très différente est la situation des pays mercantilistes qui, avec leurs excédents commerciaux, sont les « gagnants » de la mondialisation ; mais comment font-ils donc pour réaliser ces excédents ?

Le mode opératoire qui permet au mercantilisme de la Chine de produire des excédents commerciaux repose sur trois éléments principaux. Il y a tout d'abord une monnaie sous-évaluée, grâce à des manipulations (monétaires) de la banque centrale de Chine, qui confère à l'économie chinoise un très important avantage de compétitivité ; il y a en même temps des salaires très bas, ce qui n'exclut

---

[109] Ces déficits avaient été signalés dans un livre très intéressant d'Emmanuel Todd, *Après l'Empire, essai sur la décomposition du système américain* (Gallimard, 2002).

nullement le fait que ces salaires puissent connaître des hausses[110] ; d'un point de vue macroéconomique, la part des salaires dans le Produit Intérieur Brut (PIB, GDP) est de l'ordre de 35 % à 40 %, de sorte que les dépenses de l'État et, surtout, les investissements, sont à des niveaux extrêmement élevés ce qui permet de constituer, troisième éléments, des surcapacités de production dans de nombreux secteurs d'activité, surcapacités qui sont à la base de pratiques de dumping sur les marchés internationaux. Le résultat est qu'en l'espace de 20 ans, les pays développés ont perdu 20 à 30 millions d'emplois dans l'industrie alors que la Chine en a gagné de l'ordre de 80 millions. Tout ceci est possible, on le sait, grâce à la connivence des firmes multinationales qui trouvent intérêt au maintien du statu quo dans le mode de fonctionnement des relations commerciales internationales.

Le « modèle chinois » permet une forte croissance en général (quoique, depuis trois ans, celle-ci ait été considérablement bridée par le Gouvernement Chinois, soucieux de maintenir le niveau des profits) qui se combine avec un fort taux de profit, des investissements très élevés, des sur-capacités de production (permettant le dumping) ; les marchés extérieurs sont ouverts non pas comme jadis grâce à des canonnières mais grâce à la restriction de la demande intérieure.

Le mode opératoire du mercantilisme de l'Allemagne repose, lui aussi, sur trois éléments majeurs : une politique de restriction des salaires et de segmentation du marché du

---

110 Pour un taux de croissance donné, il est possible d'avoir une croissance des salaires du même ordre de grandeur ; il peut toutefois se produire un certain « emballement » salarial qui risque d'amputer les profits, ce dont ne voulait surtout pas la direction du PCC ; c'est pour éviter cela que le PCC organisa un très fort « refroidissement » de l'économie chinoise, afin de pouvoir maintenir les profits (et donc la poursuite de la stratégie des sur-capacités de production) et les excédents commerciaux.

travail à l'intérieur des frontières du pays, l'utilisation de ressources humaines ayant des salaires très bas grâce à la sous-traitance industrielle avec les pays voisins de l'Allemagne (Pologne, Tchéquie, Slovaquie, Hongrie), et enfin, troisième élément qui n'est pas le moindre, l'existence de l'euro.

La politique des salaires et de l'emploi à l'intérieur du pays consiste à segmenter le marché du travail ; les bas salaires (qui concernent pour beaucoup les travailleurs étrangers, notamment les Turcs) sont très bas, il y a par ailleurs une grande flexibilité du travail et les « mini jobs » des lois Harz, des emplois à temps partiel très peu rémunérés. Les firmes allemandes font largement appel à la sous-traitance avec les pays voisins de l'Union européenne à faibles salaires ou même à des implantations d'établissements d'entreprises allemandes dans ces pays : dans l'un et l'autre cas, cela leur permet d'évacuer hors d'Allemagne une part importante d'activités de production à faible valeur ajoutée[111]. Enfin, il y a l'euro. Depuis la mise en place de la « monnaie unique », les évolutions des coûts salariaux ont été très différentes d'un pays à l'autre, l'Allemagne ayant pratiqué avec constance une politique de restriction des salaires ; depuis la mise en place de l'euro, l'Allemagne a ainsi gagné en compétitivité par rapport à ses partenaires de la zone. Le taux de change de l'euro vis-à-vis des autres monnaies, qui permet à la zone euro prise dans son ensemble d'avoir des excédents commerciaux, ne permet pas pour autant à tous les pays de la zone d'avoir des excédents commerciaux vis-à-vis du

---

[111] La combinaison de de cette politique intérieure des salaires et de l'articulation de la production avec les pays voisins conduit à ce que l'Allemagne, ayant des salaires plus bas qu'en France pour les hauts salaires et aussi plus bas pour les bas salaires, a néanmoins une moyenne des salaires plus élevée qu'en France du fait d'une répartition des emplois par qualifications qui n'est pas la même dans les deux pays.

reste du monde, loin de là ! Seule l'Allemagne et les Pays-Bas ont des excédents avec le reste du monde alors que les autres pays de la zone euro enregistrent des déficits ; en d'autres termes, compte tenu des caractéristiques de l'économie allemande, l'euro est sous-évalué pour l'Allemagne, ce qui constitue un énorme avantage de compétitivité, alors que pour les autres pays, dont la France, c'est exactement le contraire.

2. L'Union européenne et le système allemand

L'Union européenne (UE) est aujourd'hui dominée par l'Allemagne, économiquement et politiquement ; si on veut comprendre le mode de fonctionnement de cet ensemble un peu hétéroclite, du point de vue de l'économie, il faut considérer non pas l'Allemagne seule, mais l'ensemble des pays de l'UE que ses firmes agrègent :

— les « anciens » pays développés qui sont ses voisins : Danemark, Pays-Bas, Belgique, Luxembourg, Autriche ;

–les pays de l'est qui sont de nouveaux membres de l'UE et dont les économies sont étroitement connectées avec celle de l'Allemagne : Pologne, Tchéquie, Slovaquie, Hongrie.

Tout se passe comme si, plus d'un siècle après, était reconstitué, sur le plan économique, l'ensemble des « empires centraux » d'avant la première guerre mondiale : l'Empire Allemand, d'une part, son « vassal » l'Empire Austro-Hongrois, d'autre part.

Dans ces conditions, et en négligeant quelques pays[112], l'UE actuelle, qui est encore à 28, peut être, pour l'analyse, réduite à trois zones principales :

112On néglige ici, pour les besoins de l'analyse, les pays de la Baltique (Suède, Finlande, les trois pays Baltes) ainsi que divers pays

– le « système Allemand » avec notamment sa logistique Hollandaise (Rotterdam)[113] ;
– les pays latins : Italie, France, Espagne, Portugal.
– le Royaume-Uni.... qui est sur le départ !

a) Le Royaume-Uni

Le RU est caractérisé par un déficit commercial abyssal, de l'ordre de 150 milliards de dollars, autour de 7 % de son PIB[114]. Ce déficit n'est que partiellement compensé par le très important excédent sur les services pour lequel la City de Londres joue un rôle prépondérant, qui est d'un montant de l'ordre de 90 milliards de dollars (10 avec l'UE et 80 avec le reste du monde).

Le déficit commercial avec l'UE à 27 est très élevé, de l'ordre de 125 milliards : ce déficit est particulièrement élevé avec l'Allemagne, mais il est important aussi, dans une mesure moindre, avec la France ou l'Italie. Le déficit du RU avec la Chine est, lui aussi, très élevé. Il faut souligner que ce sont les firmes chinoises et surtout les firmes multinationales, notamment anglaises, présentes en Chine, qui furent les agents essentiels de la désindustrialisation britannique ; des pans entiers de l'industrie du RU ont disparu obligeant le pays à recourir à des importations massives, notamment en provenance des pays voisins qui sont ceux de l'UE.

On peut remarquer que, du fait de la stratégie britannique visant à subordonner l'économie du pays au développement de la City et donc à l'accueil de capitaux étrangers, le cours de la livre a été longtemps maintenu à un niveau relativement élevé, ce qui a pu constituer un

---

du sud : Roumanie, Bulgarie, Slovénie, Croatie, Grèce, Chypre, Malte.
113 L'Allemagne et les Pays-Bas ont des excédents commerciaux qui atteignent 8 à 10 % de leurs PIB respectifs.
114 On peut remarquer ici

handicap supplémentaire pour la compétitivité des industries locales.

La géographie du référendum ayant conduit au « Brexit » est particulièrement claire : la région de Londres, avec la City, ainsi que la prospère Ecosse, ont voté pour le maintien dans l'UE ; en revanche, Birmingham et les régions des Midlands dévastées par la désindustrialisation et le chômage ont voté massivement pour sortir de l'Union ; le vote « Brexit » peut être interprété comme un refus de la politique de libéralisme et d'ouverture sur l'extérieur, une demande de protection adressée aux pouvoirs publics....

b) Les pays latins[115]

Les pays latins enregistrent des déficits importants, en biens manufacturés, avec la Chine et avec l'Allemagne ; ces déficits.ont des ordres de grandeur comparables, 60 à 80 milliards d'euros. Pour la France, les déficits annuels sont de 25 à 30 milliards avec la Chine (près d'un point et demi de PIB), de 15 à 20 milliards avec l'Allemagne (près de un point de PIB). Si l'ensemble des pays latins a un déficit commercial global relativement « modéré », cela ne doit pas faire illusion : l'équilibre du commerce peut être obtenu, c'est le cas le l'Espagne, non pas par une croissance des exportations mais par une restriction

---

[115] Les pays latins (Italie, France, Espagne, Portugal), auxquels il faudrait peut-être adjoindre la Belgique et le Luxembourg, représentent un ensemble d'environ 200 millions d'habitants, l'équivalent de l'ensemble constitué par les trois Russies. Il s'agit d'un ensemble de pays ayant des niveaux de vie assez proches. La Roumanie, autre pays latin, n'est pas prise en compte dans cet ensemble pour trois raisons : elle fait partie d'un système Balkanique dans lequel elle constitue un îlot de latinité, son niveau de vie est nettement plus faible que celui des autres pays latins, enfin le substrat religieux qui est le sien, l'orthodoxie, la rattache nettement à son environnement géographique.

drastique de la dépense intérieure et des revenus distribués qui entraîne une baisse des importations au prix d'un chômage particulièrement élevé (de l'ordre de 20 % de la population active).

Les déficits récurrents avec l'Allemagne signalent un défaut de base de l'euro : celui consistant à ce que des pays ayant des cultures et des traditions très différentes, donc aussi des comportements économiques très différents les uns des autres, soient dotés de la même monnaie ; l'Allemagne mène depuis longtemps une politique (mercantiliste) de restriction de sa dépense intérieure qui contribue largement à déterminer des excédents commerciaux, non seulement avec les « pays tiers » (ceux qui ne sont pas dans l'UE) mais aussi avec ses partenaires de l'UE.

La poursuite dans le temps de cette divergence nord/sud ne pourrait qu'aboutir à une concentration toujours plus importante des activités dans le nord de l'Europe. A défaut d'un changement radical de la politique économique de l'Allemagne consistant à stimuler fortement sa dépense intérieure, on voit mal comment l'actuelle zone euro pourrait continuer à conserver la même monnaie. Il faut bien voir que, dans cette affaire, la pérennité de l'euro tient à la politique que mettra en œuvre l'Allemagne bien davantage que sur celles de ses partenaires ; le rétablissement de l'équilibre du commerce des pays du sud de l'Union, par leurs propres moyens et sans « sortir » de l'euro, ne pourrait se faire que par des « dévaluations internes », c'est-à-dire des baisses des salaires, conduisant de plus à l'aggravation du chômage ; bref, il est bien plus facile pour l'Allemagne d'augmenter les salaires et les dépenses publiques que pour les pays latins de faire l'opération inverse.

La montée des mouvements « populistes » en Italie, en France, en Espagne doit être mise en relation avec la désindustrialisation et les causes qui sont les siennes :

–la cause principale est l'ouverture inconsidérée de l'Europe aux produits « made in China » alors même que la Chine a une politique de concurrence déloyale qui se manifeste par un protectionnisme monétaire et réglementaire et par des pratiques de dumping ;

–l'autre cause, qui est considérée ici comme subsidiaire mais qui a son importance, est l'Allemagne ; les dirigeants de celle-ci sont attachés, jusqu'à présent, à ce que l'euro continue d'être la monnaie de l'Union fonctionnant selon ses modalités actuelles, sans changement majeur de la politique des pays de la zone euro, c'est-à-dire en tout premier lieu de l'Allemagne. Toutefois, derrière l'Allemagne, il y a une solidarité de fait entre les firmes allemandes et la Chine ; ces firmes peuvent se développer en Chine à la condition que des firmes chinoises puissent acheter des firmes allemandes et que l'euro demeure stable. Tout se passe comme s'il y avait une sorte d'accord de « stabilité » entre la Chine et l'Allemagne considérée comme le leader de l'UE. En fin de compte, la politique de l'Allemagne est, assez largement, déterminée par.... la Chine ou, si on veut, par la conjonction des intérêts des grandes firmes allemandes et de l'oligarchie qui tient la Chine.

c) L'Empire Allemand

Reconstitué sur une base économique, l'Empire Allemand est caractérisé, comme dans le cas de la Chine, par une politique de restriction de la dépense intérieure ; il y a toutefois une différence importante avec la Chine ; alors que la majeure partie des investissements des firmes chinoises se font en Chine[116] et alimentent donc une croissance chinoise forte, une grande partie des investissements des firmes allemandes est réalisée dans les pays voisins (Pologne, etc.) et aussi, bien plus loin, en Chine, de sorte que la croissance allemande est faible. Cette différence renvoie à des situations démographiques de l'Allemagne et de la Chine qui sont très différentes : l'Allemagne n'a pas, comme la Chine, un grand réservoir rural de main-d'œuvre potentielle et n'a donc pas « besoin » d'une croissance forte ; les firmes allemandes ont une croissance forte (qui se fait largement à l'extérieur de l'Allemagne), ce n'est pas le cas de l'économie de l'Allemagne.

On l'a dit, les firmes allemandes investissent ou développent des relations de sous-traitance dans les pays voisins de l'est de l'UE ; le capital allemand profite ainsi largement des bas salaires de ces pays ; parfois même, des firmes allemandes installées en Pologne utilisent une main-d'œuvre ukrainienne[117] dans des conditions précaires payée sur une base de un euro de l'heure ! Ces avantages salariaux (pour le capital) se cumulent avec d'autres avantages, en Allemagne même : les « mini jobs » des lois Harz qui combinent flexibilité et bas coûts du travail. De plus, la segmentation du marché du travail, les allemands et les turcs ne sont pas traités de la même façon, contribue à accentuer encore un peu plus la compétitivité-coût des entreprises allemandes.

---

116 De plus en plus d'investissements d'entreprises chinoises sont effectués à l'extérieur de la Chine : dans les pays voisins à très bas salaires (Vietnam, Laos, Cambodge, Thaïlande, Birmanie, Indonésie) ou bien dans les pays développés (achats d'entreprises permettant d'avoir les technologies).
117 L'Ukraine est un pays dans une situation très difficile ; les candidats à l'émigration sont donc nombreux, notamment pour aller dans la Pologne voisine et s'y faire embaucher à n'importe quel salaire !

Au total, grâce à cette politique de coûts salariaux faibles, à l'intérieur et à l'extérieur, et d'expansion à l'est, hors zone euro[118], l'Allemagne est en mesure de réaliser des excédents commerciaux gigantesques approchant les 300 milliards d'euros : avec le Royaume-Uni, avec les pays latins de l'UE, avec les Etats-Unis, avec le reste du monde (hors Chine).

La monnaie « unique », l'euro, apparaît ainsi comme sous-évaluée pour l'Allemagne et les Pays-Bas et comme sur-évaluée pour les pays latins....Aujourd'hui comme hier, le grand problème interne de l'Europe semble bien être..... l'Allemagne, le nouvel Empire Allemand, par l'intermédiaire de l'euro, et de la Chine !

L'attachement de la Chine à ce que l'UE conserve un euro « stable » est très fort, ce qui rencontre en cela le plein accord des autorités allemandes ; en effet, que se passerait-il si l'Allemagne, cédant à l'amicale pression des gouvernants des pays latins, se mettait à stimuler fortement sa dépense intérieure ? Il en résulterait alors, non seulement un rééquilibrage des relations commerciales à l'intérieur de l'UE, mais aussi une baisse appréciable du cours de l'euro et donc une moindre compétitivité de la Chine vis-à-vis de l'UE....Or la Chine veut conserver et même accroître ses avantages de compétitivité afin que ses entreprises géantes puissent devenir les leaders mondiaux dans tous les secteurs d'activité : dans cette perspective, l'euro « fort » et stable lui convient, comme il convient aux grandes entreprises allemandes (qui sous-traitent hors zone euro) et au Gouvernement allemand lui-même.

---

118 L'expansion du capital allemand « hors zone euro » (en Pologne, en Tchéquie, en Hongrie) a des avantages : l'euro « fort » rend les opérations de sous-traitance particulièrement attractives.

Conclusion provisoire

L'UE connaît un double déséquilibre commercial, interne et externe, qui engendre, dans les pays déficitaires, un endettement préoccupant, et qui implique par ailleurs un déséquilibre relatif à l'emploi et aux conditions de fonctionnement des marchés du travail, ce qui a été pour beaucoup dans le mouvement qui, au RU, a suscité le « Brexit » ; les effets de ces déséquilibres vont continuer à se faire sentir à l'avenir. En dépit de cela, les populations de l'UE à 27 semblent encore très attachées à la survie de l'euro car il y a une sorte d'identification de l'euro, la monnaie de l'UE, avec l'Union européenne elle-même, et que la survie de l'UE constitue une garantie de force face aux géants du commerce international que sont la Chine et les États-Unis.

Pour éviter que les déséquilibres ne s'aggravent, sans que soit remis en cause le maintien de l'euro, on pourrait imaginer des voies pour de nouvelles mesures.

1) Réformer les conditions de migrations des travailleurs à l'intérieur de l'UE (on touche ici à la question des « travailleurs détachés ») en partant du principe que la « libre circulation des travailleurs » ne pourrait se faire qu'entre des pays ayant des niveaux de vie proches les uns des autres et ayant par ailleurs des règlements proches ou identiques en matière de droit du travail.

2) Rétablir l'équilibre des échanges nord/sud par une sortie momentanée de l'Allemagne de la zone euro. La nouvelle (et temporaire) monnaie allemande, on pourrait l'appeler « euro-mark » gagnerait 20 à 30 % par rapport au dollar alors que l'euro baisserait peut-être de 10 % par rapport à la monnaie américaine. Au bout d'un an ou deux, la monnaie éphémère « euro-mark » rejoindrait l'euro sur la base de sa nouvelle parité. Dans un tel scénario, les travailleurs allemands gagneraient en pouvoir

d'achat du fait de la baisse du prix des biens importés ; par ailleurs, il se produirait un retour à l'équilibre des échanges à l'intérieur de la zone euro alors que les pays du sud verraient dans le même temps leur compétitivité s'améliorer vis-à-vis de la Chine et du reste du monde.....Une douce utopie, un rêve ? Mais non ! C'est exactement ce que proposait jadis pour la Grèce l'un des « pères de l'euro », le professeur Otmar Issing[119] ; il pensait en effet que la Grèce serait incapable de rembourser ses dettes et qu'il fallait lui donner de la compétitivité en faisant en sorte que sa monnaie puisse être dévaluée grâce à une sortie temporaire de l'euro.....Puisqu'il pensait que cela était possible pour la Grèce, en bonne logique, il devrait penser que cela est aussi possible pour l'Allemagne !

---

[119] M. Otmar Issing était un professeur d'économie à l'Université Goethe de Francfort qui a été pendant 10 ans *chief economist* à la BCE (Banque Centrale européenne) : il est l'un des concepteurs de l'euro.

Le dumping social dans l'Union européenne

Dominique Redor,
Université de Paris-Est, Marne la Vallée

La question du dumping social dans l'Union européenne (UE) est considérée comme suffisamment sérieuse dans l'UE pour que plusieurs délégations de l'Assemblée Nationale Française y aient consacré des rapports, assortis de recommandations. Celui qui a approfondi le plus cette question a été publié en 2000 (Délégation de l'assemblée nationale pour l'Union européenne, voir bibliographie), il définit le dumping social de la façon suivante.

« *Toute pratique consistant, pour un Etat ou une entreprise, à violer, à contourner ou à dégrader, de façon plus ou moins délibérée, le droit social en vigueur — qu'il soit national, communautaire ou international — afin d'en tirer un avantage économique, notamment en termes de compétitivité.* »

Cette définition, très générale, doit être précisée quand on l'applique à l'UE. Pour ceci, il faut partir du droit du travail et du droit social communautaires. Il est clair qu'un État ou une entreprise qui viole ou contourne le droit communautaire afin d'en tirer un avantage économique pratique le dumping social. Mais il existe la possibilité aussi pour les États qui en font la demande de s'affranchir de dispositions juridiques communautaires sous certaines conditions, c'est la « clause de retrait » (opting out), utilisée en matière sociale par certains pays. Même si cette clause peut être autorisée par les mécanismes institutionnels communautaires, nous considérons ci-après que, dans la mesure où elle a pour but, pour le pays qui en fait usage, d'en tirer un avantage économique par rapport au pays qui est entré dans le cadre juridique communautaire, il s'agit bien de dumping social.

Enfin, une troisième source de dumping social peut provenir des contradictions des différentes législations nationales, et au-delà des niveaux de développement très inégaux entre les différents pays membres. En effet, comme nous le montrons ci-après, le droit communautaire couvre encore aujourd'hui un domaine relativement restreint, et les droits nationaux restent dominants. Ces droits demeurent très hétérogènes, et les possibilités sont nombreuses, pour ceux qui le veulent, d'utiliser les lacunes du droit communautaire ou les différences, voire les contradictions, entre les droits nationaux, pour en tirer des avantages économiques en termes de compétitivité. La directive sur les travailleurs détachés en offre un exemple parmi d'autres.

Dans l'exposé qui suit, partant de cette conception du dumping social, nous exposons dans un premier temps comment les institutions laissent une large marge de manœuvre aux entreprises et aux États membres. Celles-ci peuvent être utilisées pour pratiquer le dumping social. Dans un deuxième temps, nous analysons les voies et moyens qui existent déjà pour essayer de réduire ce dumping, et ceux qui pourraient être mis en place dans une perspective de longue période.

1. État des lieux : les institutions laissent une large place à la possibilité de dumping social.

1.1. Un droit du travail et droit social européens embryonnaires fondés sur le principe de la libre circulation des travailleurs de l'UE.

Le droit du travail et le droit social européen se sont construits progressivement sans plan d'ensemble, et au gré des avancées et des refus des pays membres. Sans entrer dans les détails, on peut considérer qu'aujourd'hui ils concernent les domaines suivants.

1. La libre circulation des travailleurs à l'intérieur de l'Union qui est un principe fondateur dès la création du marché commun (fin des années 70). Une grande partie du droit et de la jurisprudence européenne sont construits autour de ce principe (Redor, 1999).

2. La coordination des régimes de sécurité sociale a pour but d'assurer la « portabilité des droits sociaux » des personnes qui quittent un pays de l'Union pour aller travailler dans un autre pays membre.

3. L'égalité de traitement des hommes et des femmes a fait l'objet de plusieurs directives.

4. La durée du temps de travail a été fixée à un maximum hebdomadaire de 48 heures

5. Les conditions de détachement des travailleurs à l'intérieur ont été encadrées par plusieurs directives (la plus importante, 96/71/CE, date du 16 décembre 1996), mais fait encore à l'heure actuelle l'objet de débats et de contestations.

6. Les autres textes importants concernent : le droit des licenciements, l'information et la consultation des salariés par l'entreprise, l'aménagement du temps de travail, les régimes de travail à durée déterminée, le travail à temps partiel, et le travail intérimaire.

Il faut souligner que chacun de ces textes, ou de ces normes, constitue un socle ou un plancher qui doit être respecté dans les pays membres. Mais ces derniers peuvent avoir, et ont souvent, des législations plus avantageuses que les minima européens, c'est le cas par exemple pour la durée du travail, le droit des licenciements…

1.2. La clause de retrait en matière sociale.

Cette clause peut être introduite lorsque, dans un accord européen qui doit déboucher sur un traité ou une directive, un pays veut s'affranchir d'une partie des dispositions de cet accord. L'exemple le plus connu est probablement celui du traité de Maastricht (1993), lorsque le Royaume-Uni, le Danemark et la Suède ont demandé à être exemptés de tout le chapitre concernant l'unification monétaire, et donc de ne pas participer à la monnaie unique.

De même, lors du débat sur le projet de traité constitutionnel en 2007 qui a conduit au traité de Lisbonne, le Royaume-Uni a obtenu d'être exempté du respect de la charte des droits fondamentaux. Cette charte traite des libertés individuelles, de la non-discrimination, de la citoyenneté, des droits économiques et sociaux). La Pologne a également ont obtenu un « opt-out » pour s'y soustraire.

En dehors des traités, cette clause a été utilisée par différents pays dans des domaines précis du droit du travail, ou du droit social. Cependant le pays qui en a fait un usage le plus fréquent est le Royaume-Uni (Redor, 2016). Par exemple, celui-ci a fait jouer cette clause pour s'affranchir des règles communautaires concernant les régimes de contrat de travail à durée déterminée, et le travail à temps partiel. C'est ainsi qu'ont pu se développer « les contrats zéro heure » qui offrent le maximum de souplesse à l'employeur, mais soumettent la salarié à des fluctuations hebdomadaires, voire quotidienne de son temps de travail.

Il s'agit de contrats qui ne garantissent aucun nombre d'heures de travail aux salariés. Étant donné le flou institutionnel et juridique qui entoure ce type de contrats, les services officiels britanniques fournissent eux-mêmes des évaluations contradictoires de leur nombre (Chandler,

2016). L'enquête auprès de la population suivant les normes européennes (enquête sur les forces de travail) estimait, au début de l'année 2016, le nombre de personnes employées avec des contrats zéro heure à 903 000 (soit 3 % de l'emploi total). Mais à la même date, l'enquête britannique auprès des entreprises (Business Survey) estimait le nombre de contrats de ce type à 1,7 million. Une différence qui s'explique en partie par le fait qu'un salarié est susceptible d'avoir plusieurs contrats zéro heure. Parmi l'ensemble des titulaires de ces contrats, toutes catégories confondues, 15 % ont effectivement travaillé zéro heure la semaine qui a précédé l'enquête.

1.3. Niveaux de vie et de protection sociale différents selon les pays.

Les revenus, les salaires, sont très inégaux à l'intérieur de l'UE, surtout depuis l'entrée des pays d'Europe Centrale et Orientale en 2004 et 2006. Ces différences s'expliquent en tout premier lieu par le niveau de développement technologique, la qualité de la main d'œuvre, la qualité des institutions économiques, juridiques et sociales. Le niveau de développement économique supérieur des pays d'Europe de l'Ouest et du Nord entraîne un niveau de protection sociale renforcé. En effet, pour l'UE, il semble bien que la vieille « loi de Wagner » (1872) soit vérifiée. Selon cette loi, la part des dépenses publiques dans le PIB d'un pays croît avec le niveau de développement économique de ce pays. L'interprétation de cette loi repose sur la conception que lorsqu'un pays se développe, l'Etat étend son réseau d'infrastructure et d'institutions. En outre, plus le niveau de vie de la population augmente, plus celle-ci accroît sa consommation de biens supérieurs tels que les loisirs, l'éducation, la santé qui sont des biens à forte composante collective. Or ces biens ont une élasticité par rapport au revenu supérieure à un. En d'autres termes, la consommation de ces biens augmente plus vite que les revenus de la population et que le revenu national.

C'est bien ce que l'on observe dans l'UE. Les tableaux 1 et 2, montrent tout à la fois que les dépenses de protection sociale, correspondant aux prestations versées par habitant, exprimées en euros, croissent avec le PIB par habitant de chaque pays, et que la part des dépenses sociales dans le PIB augmente avec le niveau de développement de chaque pays (exprimé par le PIB par habitant).

Tableau 1. Dépenses totales de protection sociale en euros courants par habitant et par pays.

	2008	2010	2012	2014
Belgique	9 172,79	9 849,13	10 301,99	10 818,41
Bulgarie	732,31	880,93	952,24	1 096,49
République tchèque	2 780,00	2 998,05	3 139,27	2 926,79
Danemark	12 701,43	14 219,84	14 565,11	15 448,24
Allemagne	8 456,92	9 400,04	9 834,86	10 493,53
Estonie	1 813,43	1 944,88	2 036,36	2 273,47
Irlande	8 334,60	8 793,95	8 882,35	8 623,18
Grèce	4 987,91	5 323,96	4 876,76	4 241,78
Espagne	5 205,15	5 715,80	5 662,98	5 661,15
France	9 467,38	10 152,82	10 689,41	11 106,02
Italie	7 405,48	7 809,69	7 935,96	7 986,99
Lettonie	1 355,83	1 549,36	1 556,13	1 714,47
Lituanie	1 627,64	1 712,14	1 817,80	1 838,07
Hongrie	2 405,73	2 225,83	2 135,23	2 121,01
Pays-Bas	10 277,40	11 285,56	11 920,29	12 165,78
Autriche	9 748,25	10 492,49	11 028,21	11 619,01
Pologne	1 857,77	1 874,38	1 930,43	2 049,24
Portugal	3 966,34	4 386,00	4 224,95	4 469,94

Roumanie	977,15	1 083,57	1 022,67	1 114,33
Slovénie	3 937,99	4 322,33	4 358,77	4 360,44
Slovaquie	1 927,03	2 285,56	2 420,74	2 592,19
Finlande	9 156,43	10 223,45	11 111,31	12 002,67
Suède	10 587,91	11 238,12	13 030,25	13 187,90
Royaume-Uni	8 244,11	8 490,92	9 481,10	9 594,49

Source : eurostat, tableau [spr_exp_sum]

Tableau 2. Part des prestations de protection sociale dans le PIB de chacun des pays considérés.

	2008	2010	2012	2014
Belgique	26,2	27,9	28,3	29,0
Bulgarie	14,2	16,5	16,0	17,9
République tchèque	17,4	19,5	19,8	19,1
Danemark	28,0	31,4	30,9	31,6
Allemagne	26,0	28,5	27,4	27,8
Estonie	14,5	17,4	14,8	14,9
Irlande	18,8	22,8	21,9	19,3
Grèce	22,4	25,7	27,6	25,5
Espagne	21,0	24,2	25,0	24,9
France	28,6	30,9	31,5	32,2
Croatie	18,0	20,3	20,7	21,2
Italie	25,5	27,6	28,0	28,8
Lettonie	11,9	18,0	14,2	14,3
Lituanie	15,5	18,1	15,5	14,0
Luxembourg	20,8	22,3	22,4	22,4
Hongrie	22,0	22,1	21,2	19,7
Pays-Bas	24,7	27,7	28,9	28,9
Autriche	27,0	29,0	28,5	29,2
Pologne	18,8	19,2	18,4	18,5
Portugal	22,3	24,4	24,9	25,5

Roumanie	13,9	17,1	15,2	14,4
Slovénie	20,5	23,9	24,4	23,7
Slovaquie	15,2	17,7	17,5	18,0
Finlande	24,3	28,5	29,3	31,1
Suède	27,2	28,0	28,7	29,0
Royaume-Uni	25,0	28,3	28,9	27,2

Source eurostat, tableau [spr_exp_gdp]

Le financement de cette protection sociale est très majoritairement public dans tous les pays. Selon Eurostat, la part de la protection sociale financée directement par les ménages (assurances privées et mutuelles) est de 17 % au Royaume-Uni, 16 % aux Pays Bas, 3,1 % en France, 1,8 % en Allemagne). Le financement public repose dans des proportions variables, selon les pays, soit sur la fiscalité, soit sur les cotisations sociales assises sur les salaires. Elles financent les dépenses des systèmes de sécurité sociale (tableaux 1 et 2). Les différences de charges salariales correspondantes entre les pays sont donc considérables. Le coût salarial horaire toutes charges comprises dans l'industrie est en 2015 en France de 37,6 euros, 38 en Allemagne, 42,9 au Danemark (tableau A1 en annexe). À l'autre extrémité du spectre, il est de 5 euros en Roumanie, 6,7 en Lituanie, 8 en Hongrie, et 8,6 en Pologne. Dans ces conditions, les possibilités de jouer sur les différences de fiscalité ou parafiscalité entre les pays membres sont nombreuses. Ceci est à l'origine d'un dumping social qui repose sur différents moyens pour contourner les règles communautaires.

1.4. Le dumping social issu de nombreuses fraudes et violations du droit européen.

Il faut ici mentionner le cas particulier des travailleurs détachés. Leur statut dépend encore aujourd'hui d'une directive qui date de 1996 (96/71/CE). Cette directive exige que les employeurs se conforment à certaines obligations légales du pays où le travailleur exerce son activité : salaire minimum, temps de travail, congés, règles d'hygiène et de sécurité. Mais le régime de paiement des cotisations sociales permet que celles-ci soient versées au pays d'origine, et selon les normes de ce pays. Étant donné les différences dans le montant et le financement par la fiscalité ou les cotisations sociales, la charge pour les entreprises peut être très différente suivant qu'elles emploient des travailleurs résidents ou des travailleurs détachés. C'est particulièrement le cas en France, puisque le financement de la protection sociale repose majoritairement sur les cotisations sociales.

Les procédés de contournement de cette législation les plus courants consistent à localiser fictivement les activités, voire les salariés, dans un pays à fiscalité ou parafiscalité accommodante. C'est ainsi que la Délégation de l'Assemblée nationale pour l'Union européenne (2000) dénonce les entreprises qui déménagent leur siège de France au Royaume-Uni, alors que l'essentiel de leur activité est en France. De plus de nombreuses sociétés, notamment d'intérim, ont tiré profit des lacunes de cette directive pour enregistrer une société « boîte aux lettres », dans un pays à faibles contributions sociales, et à détacher des travailleurs où les cotisations sociales sont les plus élevées. Par exemple, certains salariés et leurs contrats de travail peuvent être domiciliés en Irlande ou au Royaume-Uni, alors que leurs activités effectives s'effectuent la plupart du temps en France. On trouve ces pratiques surtout dans les secteurs du BTP et des transports (routiers et aériens).

Une première forme d'emploi des travailleurs détachés ne contrevient pas à la directive précitée, puisque celle-ci reconnait la possibilité de payer les charges sociales dans le pays d'origine et suivant les règles en vigueur dans celui-ci. C'est pourquoi depuis longtemps, les syndicats et certains partis politiques européens demandent que cette directive soit corrigée (voir 2. ci-après). Une deuxième forme de dumping social consiste à contourner la règlementation en déclarant, par exemple, un salarié roumain comme détaché pour une durée limitée en France, alors qu'il y réside et y travaille en permanence. Le résultat est qu'au lieu de payer les cotisations sociales en France selon les règles françaises, elles sont payées en Roumanie selon les règles du droit social roumain.

2. Les conditions de sortie du dumping social dans l'UE.

2.1. Rapprochement des droits nationaux et des systèmes de protection sociale sous l'égide d'un socle de droit européen étendu.

Étant donné le domaine réduit sur lequel porte le droit européen, le socle commun aux pays membres devrait être étendu, notamment aux nouvelles formes d'emploi : personnes travaillant pour des plates-formes numériques (airbnb, blablacar, facebook, google..). Les questions concernant le statut des personnes qui y travaillent : salariés, travailleurs, indépendants, auto-entrepreneurs sont cruciales de même que la nature de la protection sociale dont ils peuvent bénéficier. Comme de plus ces activités sont pour la plupart par nature transnationales, une harmonisation européenne est indispensable.

Un autre exemple d'amélioration nécessaire du droit social européen concerne la règlementation des travailleurs détachés (Richard, 2016). Un texte en préparation à la Commission reprendrait la demande des ministres du travail des pays les plus développés d'Europe de l'Ouest d'appliquer le principe du « salaire égal, pour un travail égal sur un même lieu de travail ». La réforme la plus importante concernerait le système de protection sociale, puisque les cotisations devraient être payées dans le pays de destination suivant les règles juridiques de celui-ci. Ce projet a soulevé une vague de protestations des pays d'Europe Centrale et Orientale qui sont parmi les pays les plus importants d'origine des travailleurs détachés. Pour s'opposer à ce projet ils évoquent le principe de subsidiarité, et la gêne occasionnée par les travailleurs détachés et leurs familles qui devraient changer fréquemment de régime de protection sociale. Au printemps 2017, aucune décision n'a été prise par les institutions européennes, la question est en cours de négociation.

2.2. Mise en commun de ressources financières à finalité sociale.

Le fonds social européen (FSE) depuis l'origine finance des programmes à finalité sociale (formation des jeunes, des chômeurs..). Pour la période 2014-2020, il a été doté de 77 milliards d'euros, soit 12 % des dotations budgétaires totales pour la période. Dans la mesure où le fonds s'adresse aux personnes les plus vulnérables et les plus défavorisées par rapport à l'emploi, il tend à diminuer les inégalités et les écarts entre la situation des travailleurs dans les différents pays européens, et par là même, peut restreindre les possibilités de dumping social. Mais l'effet du FSE sur la situation sociale en Europe est des plus limités, étant donné les faibles moyens mis en œuvre, et le domaine restreint sur lequel il intervient.

Une extension des moyens et domaines d'intervention d'organismes communautaires à vocation sociale serait certes très souhaitable dans la mesure où elle atténuerait les différences de prestations et de financement entre les pays membres. Un des projets envisagés concerne l'assurance chômage européenne. Il pourrait s'agir de transferts monétaires directs entre États membres, prenant en compte les différences entre les évolutions nationales du chômage. Un autre dispositif envisageable consisterait à créer un fonds assurantiel qui serait alimenté par tous les États membres, et qui interviendrait en complément des systèmes nationaux d'indemnisation, suivant les évolutions conjoncturelles du chômage dans ces États. Néanmoins ce projet d'assurance chômage européenne ne parait pas réalisable à court-moyen terme, étant le scepticisme actuel qui entoure tout projet de financement communautaire supplémentaire, et qui engloberait les vingt-sept pays.

2.3. Droit et budget commun, avec stabilisateurs automatiques pour amortir les chocs économiques et sociaux dans les pays membres.

La question du fédéralisme budgétaire dans la zone euro est souvent évoquée par les économistes pour supprimer, ou tout au moins diminuer, les incohérences entre la politique monétaire unifiée, et les politiques budgétaires nationales. Mais il faut aussi tenir compte du fait que le fédéralisme budgétaire tel qu'il fonctionne, par exemple aux États-Unis, met en œuvre des stabilisateurs automatiques. En clair, lorsqu'un État subit une dépression asymétrique (elle ne concerne pas les autres États), cet État reçoit davantage d'indemnités et de prestations sociales (chômage, aide aux plus démunis), et contribue moins au budget fédéral (puisque cette contribution est assise sur les revenus de la population et des entreprises localisées dans cet État). C'est une des moyens de réduire, de façon conjoncturelle, les écarts dans le niveau de vie entre les États membres de la Fédération.

On sait que dans l'UE le budget ne joue pas du tout ce rôle en raison de l'étroitesse de ses moyens, et du fait qu'il est engagé majoritairement dans des programmes structurels, de long terme. Néanmoins, il pourrait naître dans les années qui viennent sous forme embryonnaire, et dans le cadre des projets de développement « d'un noyau dur » de pays membres de la zone euro. Dans cette perspective d'une UE à plusieurs vitesses, ce noyau serait constitué autour de l'Allemagne et de la France, avec les pays d'Europe de l'Ouest et du Nord. Par le biais des stabilisateurs automatiques, ce peut être un moyen de réduire les différences dans les fluctuations du niveau de vie et de prestations sociales entre les pays qui participeront à ce noyau. Mais de ce fait le fossé risque de se creuser encore davantage avec les pays membres qui se trouveront hors du noyau dur. Les circonstances d'un dumping social renforcé à l'intérieur de l'UE seront alors réunies. Les optimistes diront que ce noyau dur sera appelé à s'étendre progressivement aux autres pays, s'il donne satisfaction à ceux qui en font partie, et s'il est attractif pour ceux qui voudraient l'intégrer.

Conclusion

Si l'on examine l'histoire économique du fédéralisme américain, il faut considérer que certaines formes de dumping social y perdurent encore aujourd'hui. En effet, la législation du travail, et la législation sociale, dépendent certes de l'État fédéral, mais aussi des États membres. Le salaire minimum fédéral est fixé à 7,25 dollars de l'heure en 2016, celui de la Californie à 10 dollars, avec un objectif de 15 dollars en 2022. Certains États ont obtenu des dérogations et sont en dessous du minimum fédéral. La question de la localisation des activités sur le sol américain se pose donc, et les possibilités de contournement de la législation des États existent. Par comparaison, on peut avancer que la question du dumping social va rester dans l'agenda européen pour une longue période. En effet, au-delà des questions juridiques et institutionnelles, le niveau des rémunérations et de la protection sociale est étroitement lié à l'efficacité productive, et à la productivité du travail, de chaque pays, comme nous avons essayé de le montrer brièvement. Or la fameuse convergence des économies des pays membres mise en avant dès la fondation de la Communauté européenne n'est toujours pas réalisée. En effet la crise, à partir de 2008, a précipité dans la dépression certains pays qui n'en sont toujours pas sortis.

Par ailleurs l'exemple du Brexit montre que le dumping social d'un pays ne porte pas seulement préjudice aux autres pays dont les emplois et les entreprises sont affaiblis par ce dumping. En effet, les différents gouvernements britanniques qui ont voulu promouvoir le dumping social à grande échelle ont vu les citoyens de leur pays, par un vote d'opposition, se prononcer contre un grand marché européen et mondialisé, sans filet de sécurité et contrepartie pour les nombreux perdants des évolutions contemporaines. Une leçon à méditer pour les gouvernements d'autres pays qui voudraient s'aventurer sur la même voie que le Royaume-Uni.

Bibliographie

Chandler M. (2016), « Contracts that do not guarantee a minimum number of hours, Office of National Statistics, Septembre.

Délégation de l'Assemblée nationale pour l'Union européenne (2000*)*, *Le dumping social dans l'Union européenne,* Rapport présenté par M.Gaston Gorce, enregistré à la présidence de l'Assemblée nationale le 25 mai 2000, sous le n. 2423.

Redor D. (1999). *Economie européenne*, Hachette, collection, Les Fondamentaux.

Redor D. (2016), *Comment le dumping social a entraîné le Brexit,* Les économistes atterrés, Décembre, disponible sur le site, http://www.atterres.org.

Richard S. (2016), *La révision de la directive sur le détachement des travailleurs*, Fondation Robert Schuman, Policy Paper n. 406, octobre.

Annexe A1. Coût salarial total d'une heure de travail dans l'industrie

	2000	2004	2008	2012	2013	2014	2015
Belgique	30,7	33,2	37,4	42,9	43,6	44,1	44,2
Bulgarie	1,4	1,6	2,5	3,3	3,4	3,6	3,9
République tchèque	3,4	5,6	9,0	9,9	9,8	9,6	10,0
Danemark	27,8	30,3	34,8	40,7	41,4	42,2	42,9
Allemagne	27,7	31,2	32,5	35,2	36,3	37,1	38,0
Estonie	2,9	64,6	7,4	8,6	9,2	9,8	10,4
Irlande	19,5	24,5	29,0	31,7	31,4	32,0	31,8
Grèce	14,1	15,7	17,3	16,3	15,5	15,5	:
Espagne	14,6	17,9	20,8	23,0	23,3	23,4	23,3
France	25,4	29,7	33,1	36,4	36,7	37,1	37,6
Croatie	:	6,3	8,7	8,5	8,6	8,5	8,7
Italie	18,1	22,6	24,1	27,2	27,7	28,0	28,0
Lettonie	2,1	2,8	5,9	5,9	6,2	6,5	7,0
Lituanie	2,5	3,1	5,7	5,7	6,1	6,3	6,7

Hongrie	3,6	5,8	7,7	7,8	7,8	7,7	8,0
Pays-Bas	24,3	28,7	30,8	33,9	34,4	35,4	:
Autriche	24,2	28,2	29,6	33,0	33,9	34,8	34,7
Pologne	4,0	4,5	7,5	7,7	8,0	8,3	8,6
Portugal	8,6	8,8	10,2	11,0	10,8	10,7	11,0
Roumanie	1,4	2	3,9	4,2	4,4	4,6	5,0
Slovénie	8,4	378,0	12,8	15,1	15,2	15,8	15,8
Slovaquie	4,2	175,7	7,5	9,2	9,6	10,1	10,4
Finlande	22,0	27,0	30,0	35,0	35,4	36,1	36,8
Suède	28,1	32,2	34,7	41,7	42,6	41,6	41,6
Royaume-Uni	18,9	22,5	21,9	24,5	23,6	25,5	29,1

Source eurostat, tableau [lc-lci-lev]

Post-Brexit, post-populisme : quels scénarios pour l'Europe ?

Xavier Richet,
Université de la Sorbonne nouvelle

Trois évènements marquants se sont déroulés au cours des derniers mois. Tout d'abord, à Rome, la célébration du soixantième anniversaire de la signature du Traité de Rome où le président de la Commission a présenté le *Livre blanc sur le futur de l'Europe* (European Commission, 2017), envisageant la poursuite de la construction européenne de manière différenciée (l'Europe à plusieurs vitesses). Cet événement a été suivi, en mai 2017, par la victoire d'Emmanuel Macron à l'élection présidentielle française sur la base, notamment, d'un programme pro-européen revendiqué préconisant la coopération renforcée avec des projets de création d'un ministère des finances de la zone euro, la création d'un fonds pour le financement de l'innovation dans le numérique. Son engagement pro-européen semble avoir mis temporairement fin à l'*EU bashing* (Delaume & Cayla, 2017) que l'on pouvait lire dans la presse et entendre dans les discours de nombreux hommes politiques en Europe. Cet engagement, annoncé à l'occasion d'un discours prononcé à l'université Humboldt à Berlin en janvier 2017 a été confirmé, troisième événement marquant, par deux discours, l'un à Athènes, l'autre à la Sorbonne en septembre 2017 qui précisent la vision du nouveau Président pour engager l'Europe dans un saut fédéral.

La reprise économique en Europe annonce la fin de la longue stagnation dans laquelle est entrée l'UE à la suite de la crise des *subprimes* et donne quelques espoirs en termes de créations d'emplois, d'investissements même si la reprise reste fragile, plusieurs économies de la zone étant encore fortement endettées (Figure 1).

Figure 1 : Niveau de la dette des pays de la zone euro

Niveau de dette des pays de la zone euro
En % du PIB, en 2017

- 65,5 Finlande
- 73,5 Irlande
- 105,6 Belgique
- 65,8 Allemagne
- 82,8 Autriche
- 96,4 France
- 77,8 Slovénie
- 128,5 Portugal
- 99,2 Espagne
- 133,1 Italie
- 178,8 Grèce
- 103,4 Chypre

*LES ECHOS / SOURCES : EUROSTAT, FRANCE STRATÉGIE

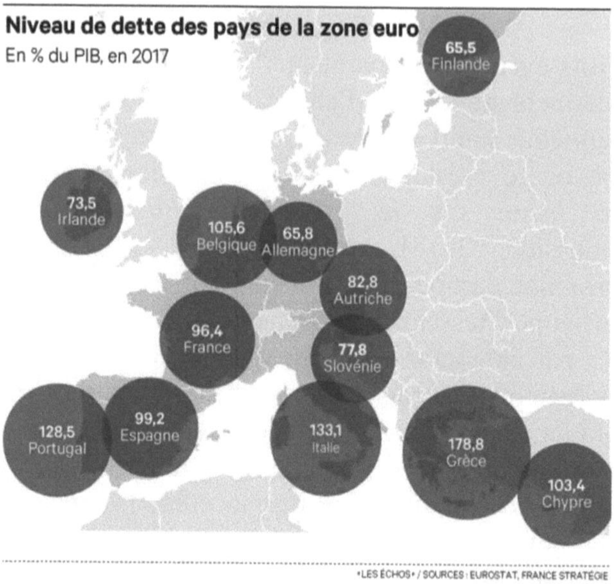

Source : Les Echos

L'échec des candidats « populistes » au Pays Bas et surtout en France au cours de récentes élections nationales laisse entrevoir le reflux des courants souverainistes qui se sont développés ces dernières années dans plusieurs pays de l'Union. Mais une élection de fait pas le printemps. Les récentes consultations en Autriche, en Tchéquie montrent la prégnance de l'euroscepticisme. La revendication d'une démocratie « illibérale » avancée par les dirigeants hongrois et polonais s'inscrit également dans ce courant de défiance à l'égard de l'UE. Le résultat des dernières élections législatives allemandes laisse entrevoir un affaiblissement du pouvoir de la chancelière et de son leadership au niveau de l'UE.

Les dirigeants européens portent une grande part de responsabilité dans cette situation qui tient au compromis entre souverainisme et fédéralisme qui a présidé à la création de l'UE. L'attitude de la Commission et Conseil face à la crise a révélé des fractures profondes entre les différents États. La crise a mis à jour la fragilité de la construction sur laquelle reposait l'€, une monnaie commune non souveraine, limitée par l'absence de mécanismes de gestion et de mutualisation des dettes des différents états.

Les responsables européens auront à effecteur des choix et à mettre en œuvre des politiques en vue de relancer la croissance, contribuer à traiter les causes du désintérêt des citoyens européens à l'encontre d'une Union qui a échoué à produire ce qu'ils attendent en termes d'emplois, de bien-être, de protection.

Dans cette contribution, après avoir rappelé les principaux facteurs à l'origine de la crise de l'Euro (section 1) on envisage les futurs de l'Union européenne en présentant plusieurs scénarios (section 2). On confronte ces scénarios aux propositions contenues dans le Livre blanc sur l'avenir de l'Europe présenté par le Président de la Commission européenne et aux deux discours du président Macron à Athènes et la Sorbonne (section 3).

1. Ce qu'a révélé la crise des *subprimes*.

L'UE a été un une victime collatérale de la crise des *subprimes* survenue aux États-Unis en 2007/2008. Les effets de cette crise se sont rapidement propagés au secteur financier de l'Union européenne, révélant les faiblesses de la construction et du fonctionnement de l'Euro, des mécanismes d'affectation des capitaux, révélant les fortes asymétries sur le marché des euro-obligations. Pour les initiateurs de la monnaie unique, la crise de l'Euro ne pouvait pas se produire grâce au pacte de stabilité (critères de Maastricht concernant l'endettement et le déficit budgétaire) et aux politiques de convergence. Elle est néanmoins apparue révélant des écarts importants entre taux d'intérêt sur le marché des euro-obligations, plaçant certains pays au bord de la faillite. L'effet de réputation de l'Allemagne a permis à certains Etats d'emprunter à des taux bas pour financer des projets risqués, à faible rentabilité. La crise a conduit les autorités européennes à mettre en place des mécanismes de mobilisation de ressources pour soutenir et refinancer les économies les plus touchées en créant, après d'âpres négociations, des mécanismes spécifiques (Mécanisme européen de stabilité). Parallèlement, elles ont imposé des plans draconiens d'assainissement de la dette à la Grèce en contrepartie de son maintien dans la zone euro. Absence de mutualisation des dettes, strict respect des critères de Maastricht, ajustements à la marge : les dirigeants européens après de nombreuses rencontres n'ont pas solutionné les causes qui ont conduit à cette crise.

La crise a mis à jour plusieurs dysfonctionnements. La faiblesse des ressources propres de l'Union (1 % du PIB des pays membres) limite les capacités de financement face à des chocs asymétriques, elles ne permettent pas de financer des programmes de relance (notamment le plan Juncker). Par ailleurs, les disparités fiscales entre États membres, conduisent à de fortes distorsions et alimentent les politiques de dumping fiscal pratiquées par certains pays tant à l'Ouest (Irlande) qu'à l'Est (Bulgarie, Chypre).

2. Après le Brexit : quels scénarios ?

Les résultats du referendum autour de la sortie de la Grande-Bretagne de l'Union européenne (le Brexit) ont provoqué un choc dans l'ensemble des pays de l'Union. La crainte étant que certains pays soient tentés de suivre cet exemple. La difficulté de sortir de l'UE, le coût élevé qu'il entraînerait, ont vite mis fin aux éventuelles velléités affichées par certains partis politiques. Le gouvernement britannique et la Commission européenne au cours des deux années à venir doivent arriver à un accord sur les modalités de la séparation. Négociations difficiles en raison des différences dans l'évaluation des montants financiers à régler par la Grande-Bretagne (une note de 20 ou de 60 milliards d'€) pour solde de tout compte. Par ailleurs, quel statut commercial accorder à la Grande-Bretagne après la séparation ? La réalisation du Brexit se révèle difficile à mettre en œuvre, elle n'interviendra peut-être pas en 2019 mais plus tard, ou même jamais comme le suggère la presse britannique[120]. On est loin du « *hard Brexit* ». Le vent porteur qui devait mener la Grande-Bretagne vers le grand large s'est affaibli, on est entrée dans une mondialisation contrariée avec le repli américain. Y a-t-il un avenir pour un pays isolé en dehors des grands ensembles régionaux constitués par l'UE, les États-Unis et la Chine ?[121].

C'est dans ce cadre post-Brexit, post-populisme, poussée fédéraliste qu'on envisage les futurs possibles de l'Europe autour de quatre scénarios.

---

[120] Financial Times, 26/10/2017
[121] A fortiori pour les régions. Cf la Catalogne.

Scénario 1 : Le statu quo ou « Le perfectionnement du système existant ».

On reprend ici une formule bien connue des (non —) réformateurs soviétiques et Est-européens. Le système fondamentalement est bon, il faut simplement apporter quelques réformes, mieux contrôler la Commission, la rendre plus transparente, réduire les règlementations, revoir les principes de subsidiarité, montrer aux peuples européens que l'EU défend leurs intérêts et agit pour leur bien-être. Le relâchement des plans d'austérité, des critères de Maastricht donnerait plus d'oxygène aux économies nationales, notamment aujourd'hui embourbées dans la crise. Le lancement d'actions d'envergures (plan Juncker) devrait stimuler l'emploi dans de nombreux secteurs avec un effet transfrontière visible. C'était le scénario le plus probable avant l'élection française car, sur le fond, il maintenait le statu quo, préservant l'équilibre entre fédéralisme et souverainisme. Il laissait de côté les questions qui fâchent (fiscalité, budget, politique de la Banque Centrale européenne (BCE), la question des travailleurs détachés, celle de l'émigration). Dans ce cadre, les problèmes les plus importants sont réglés au coup par coup. La création d'un Mécanisme européen de stabilité, la mise en œuvre de la réforme bancaire qui ont été engagées, des innovations importantes, ont été introduites dans ce contexte.

Scénario 2 : Le saut fédéraliste : « Concentricité et géométrie variable ».

On retrouve ici une idée ancienne qui revient sur le devant de la scène comme un serpent de mer mais avec beaucoup d'insistance depuis l'élection du nouveau président français. On y préconise le recentrage de l'intégration autour d'un cercle restreint de pays membres prêts à s'engager dans un processus fédéral : augmentation des budgets, intégration financière poussée, investissements stratégiques, dépenses accrues de recherche et développement. Cette stratégie cherche à créer des externalités positives fortes pouvant se propager vers les autres cercles, en contrepartie en laissant aux États membres les actions qui en produisent peu (Artus & Virard, 2017).

L'UE serait ainsi divisée en deux parties : ceux de la zone Euro, d'un côté, ceux des différents cercles, de l'autre. On pourrait ainsi envisager quatre niveaux (*The Economist*,2017) : Au centre on trouverait les 19 pays membres de l'Eurozone qui approfondiraient leur intégration politique et économique. On aurait ensuite les autres membres de l'UE comprenant les pays hors zone Euro, éventuellement les transfuges du premier cercle ne pouvant pas ou ne voulant pas supporter les contraintes découlant de l'appartenance à l'Eurozone (la Grèce, par exemple ?) sans endommager le fonctionnement de la monnaie unique. Un troisième tiers serait constitué de pays ne désirant pas joindre l'UE mais souhaitant participer totalement au marché unique en respectant toutes les obligations liées à cette association y compris juridiques (Cour européenne de justice) : les pays de l'Espace économique européen (Islande, Norvège, Liechtenstein) et la Suisse. Enfin, un dernier cercle rassemblerait les pays qui recherchent un accord global et approfondi de libre-échange avec, éventuellement pour certains d'entre eux, l'adhésion à des programmes spécifiques (défense, sécurité). On y trouverait la Grande Bretagne, quelques pays des Balkans occidentaux, ultérieurement, d'autres pays comme la Moldavie, l'Ukraine.

L'application de ce scénario se heurterait à de nombreuses difficultés : politiquement comment faire accepter et imposer une rétrogradation dans les second et troisième cercles ? Comment rendre cohérentes et articuler les politiques en direction de ces différents cercles ? Comment s'assurer que les bénéfices tirés de l'effet fédéral au sein du premier cercle se propagent en cascade vers les autres ?

Scénario 3 : « *Un euro pour tous, des euros nationaux pour chaque pays* ».

La prolongation de la crise, l'incapacité de réduire les déficits budgétaires au sein de la zone euro, la fragilité du système bancaire dans plusieurs pays membres conduiraient à la remise en cause de l'Union économique et Monétaire (UEM). Il s'agirait de transformer l'€ en monnaie commune en abandonnant son caractère de monnaie unique. C'est à un retour à l'indépendance monétaire qui permettrait l'application de politiques économiques nationales en vue de promouvoir l'emploi, les exportations avec le risque de nourrir l'inflation et d'accroître les déficits publics, de revenir aux dévaluations compétitives à répétition. Au niveau européen, ce relâchement monétaire conduirait à de fortes tensions, il ferait émerger un € hybride, *Neuro* au nord, *Seuro* au sud. Finalement, ce serait à la fois une régression par rapport à ce qui a été créé, entraînant une perte de valeur pour les « € nationaux » du sud et l'annonce du début de la fin : détricoter la monnaie unique, réintroduction du serpent monétaire, un compromis entre change fixe et change flottant qui a précédé la création de l'ECU et de l'Euro,. De nombreux spécialistes ont analysé les limites du système monétaire européen et proposé des modèles alternatifs et des stratégies de sortie de l'Euro[122]. Le démantèlement progressif de l'Euro annoncerait le retour

---

[122] Cf. Les travaux des Economistes attérés, de Stiglizt

aux monnaies nationale, les États pensant pouvoir regagner des marges de manœuvre en utilisant la variable monétaire en vue de promouvoir des politiques de relance. Entre temps, le changement de monnaie aurait un fort impact négatif avec une perte de valeur brutale de l'épargne ce que les électeurs français (citoyens-épargnants) ont compris, conduisant les responsables des partis souverainistes de gauche et de droite à placer leurs velléités de sortir de l'Euro sous le boisseau. En Italie, l'ancien premier ministre Berlusconi a relancé l'idée d'une double monnaie, nationale pour relancer la demande interne, l'investissement, commune vis-à-vis du reste du monde. La mauvaise monnaie chasse la bonne, certainement les agents économiques thésauriseraient leurs Euro, affaiblissant encore la monnaie « nationale » contribuant à fragiliser davantage l'économie italienne.

Scénario 4 : « Fragmentation de l'UE et nouvelles polarité régionales ».

L'échec des dirigeants européens à relancer la croissance, à reformer la gouvernance des institutions, à dégager les ressources suffisantes pour financer des programmes sectoriels et d'intégration notamment en direction pays en accession (Balkans occidentaux), la permanence des désaccords et les conflits avec certains nouveaux états membres (Pologne, Hongrie), les écarts croissants en termes de revenu, d'emploi, d'endettement entre les états membres peuvent nourrir de forts sentiments anti-européen parmi les populations des 28-1. Le succès de nouvelles consultations du type Brexit pourraient conduire, à moyen terme, à la fragmentation de l'UE conduisant, *in fine*, à sa disparition.

Après un pôle atlantique (la Grand Bretagne[123]) on assisterait ainsi à une configuration qui verrait l'émergence d'un pôle germanique associant les pays de l'Europe du Nord et l'*hinterland* allemand (les « capitalismes dépendants » d'Europe de l'Est qui rassemblent les pays de la région – Hongrie, Pologne, Tchéquie, Slovaquie) dont le renouveau industriel provient des investissements massifs réalisés par l'Allemagne, l'Autriche et d'autres pays de l'UE (Richet 2016).

Un pôle Europe du sud autour de la France, de l'Espagne, de l'Italie tirerait avantage de sa proximité et de ses liens avec les pays du sud de la Méditerranée même si ces derniers offrent des perspectives de croissance mitigées dans un espace économique segmenté (blocage des relations économiques entre la Maroc et l'Algérie, absence de marché unique maghrébin) et incertain (succession algérienne, instabilité politique tunisienne, fragilité de l'équilibre social au Maroc, sans oublier la Lybie en proie à de profondes divisions). Certains pays du sud (Maroc) voient l'intérêt d'une telle coopération : l'association avec les pays du nord de la Méditerranée permettrait de mieux pénétrer les marchés de l'Afrique subsaharienne. Pour l'Algérie, ce serait l'occasion d'assurer l'ajustement structurel de son économie que les différents gouvernements ont été incapables d'assurer depuis des décennies en l'amarrant aux pays du nord de la Méditerranée.

Enfin, au sud-est de l'Europe, on trouverait les pays laissés pour compte, la Bulgarie, la Roumanie, les Balkans occidentaux, qui, de la périphérie retourneraient à la périphérie (Berend 1996). Le *big bang*, (l'entrée simultanée dans l'UE) des pays actuellement en accession souhaité par certains (Balkans in Europe Policy Advisory

---

[123] Pas certaine d'entraîner l'Irlande et contrainte de gérer les réticences écossaises.

Group 2014)[124] n'aura pas lieu. Les pays des Balkans occidentaux, sous la pression de l'UE, appliquent depuis des années des politiques de « stabilitocratie » en vue de remplir les conditions d'une future adhésion alors que les perspectives d'intégration s'éloignent (The Balkans in Europe Policy Advisory Group (2017). Leur horizon aujourd'hui, à la suite du Sommet de Trieste de juillet 2017, est d'entrer dans une *Espace économique régional de Balkans occidentaux*, un marché commun au rabais qu'on peut considérer comme un sas en attendant des jours meilleurs.

C'est ce scénario pessimiste qui se dessinerait dans le cas du délitement des instances de l'UE. La fin des perspectives d'intégration pourrait ouvrir la voie à des coopérations entre les anciennes composantes, elle permettrait les interférences fortes avec des pays tiers notamment avec la Russie, la Turquie, voire la Chine présente dans le cadre de l'Association 16 +1 (Richet 2017). Elle pourrait aussi alimenter de nouveaux conflits dans la région, avec notamment l'éclatement de la Bosnie-Herzégovine, les tensions au Kosovo, deux Etats dont la construction et la viabilité sont assurées par les puissances occidentales. Plus au nord, elle fragiliserait les États Baltes, voire la Pologne, face à la Russie. Enfin, au-delà de l'Union, elle laisserait la voie libre à la Russie dans ses entreprises de dépeçage territorial et de reconquête (Ukraine).

---

[124] Qui envisage le « statu quo l'origine du premier schisme au sein du mouvement communiste avec la répudiation de la Yougoslavie du camp socialiste (Glenny, 2012) » (la situation actuelle) ; l'enlisement (une solution à la turque : une accession renvoyée aux calendes grecques) ; le pourrissement (on arrête tout) et le Big Bang.

3. Plusieurs nuances de fédéralisme ? Du Livre blanc de la Commission européenne, aux propositions d'Emmanuel Macron

Les propositions de la Commission

Les propositions avancées par le Président de la Commission européenne Jean-Claude Juncker en mars 2017 dans le Livre blanc sur le futur de l'Europe (encadré 1) et en septembre 2017 (Discours sur l'État de l'Union devant le Parlement européen) rompent avec l'attentisme qui prévalait au cours de ces dernières années peut-être en anticipant les changements à venir du côté français et allemand mais aussi en raison de vents plus favorables (reprise économique au sein de l'UE).

Encadré 1 : Les cinq scénarios sur ce que pourrait être l'état de l'Union à l'horizon 2025[125]

> • **Scénario 1 : S'inscrire dans la continuité** — L'UE-27 s'attache à mettre en œuvre son programme de réformes positives, dans l'esprit de la communication de la Commission de 2014 intitulée « Un nouvel élan pour l'Europe » et de la déclaration de Bratislava adoptée en 2016 par l'ensemble des 27 États membres.
> • **Scénario 2 : Rien d'autre que le marché unique** – L'UE-27 se recentre progressivement sur le marché unique, les 27 États membres étant incapables de trouver un terrain d'entente dans un nombre croissant de domaines d'action.
> • **Scénario 3 : Ceux qui veulent plus font plus** — L'UE-27 continue comme aujourd'hui mais permet aux États membres qui le souhaitent de faire plus ensemble dans des domaines spécifiques tels que la défense, la sécurité intérieure ou les affaires sociales. Une ou plusieurs « coalitions de pays volontaires » se dégagent.
> • **Scénario 4 : Faire moins mais de manière plus efficace** — L'UE — 27 concentre ses efforts sur des domaines d'action choisis où elle fournit plus de résultats plus rapidement, et réduit ses interventions dans les secteurs où son action est perçue comme n'ayant pas de

---

[125] Pour une présentation synthétique, voir Annexe 1

valeur ajoutée. Elle centre son attention et ses ressources limitées sur les domaines qu'elle choisit.

• **Scénario 5 : Faire beaucoup plus ensemble** — Les États membres décident de mettre en commun davantage de pouvoirs, de ressources et de processus décisionnels dans tous les secteurs. Les décisions sont adoptées dans des délais plus courts au niveau européen et sont rapidement mises à exécution.

Source : Commission européenne (2017)

Le Livre blanc envisage cinq scénarios et pose les bases pour une intégration européenne à géométrie variable, voire à la carte dans un cadre plus cohérent (départ des Britanniques, adhésion des autres pays à la zone Euro, réduction des possibilités de s'abstraire de certaines obligations (*opt out*) dont les Britanniques ont été bénéficiaires.

L'intégration à plusieurs vitesses à priori fait peur notamment aux Nouveaux États Membres, aux pays en attente (Balkans occidentaux) mais elle n'est pas une nouveauté puisqu'il existe déjà une Europe « à la carte » : zone Euro et non Euro, zone Shenghen. La crainte, pour ceux qui ne seraient pas parmi les « premiers de cordée », c'est de se sentir relégué dans une autre catégorie et de voir se pérenniser le temps d'attente pour rejoindre le premier cercle.

Les propositions contenues dans le Livre blanc se concentrent à la fois sur la gouvernance de l'Europe, les domaines d'action prioritaires, les questions de subsidiarité. Elles réaffirment toutefois les obligations des pays membres (les 27) à avancer vers une zone Euro (après le départ de la Grande Bretagne, il n'existe plus d'*opt out* que pour le Danemark.

Dans son Discours sur l'État de l'Union (Juncker 2017), le président de la Commission présente sa vision de l'intégration notamment en ce qui concerne le renforcement de la zone Euro, la création d'un budget de la zone, la mise en place d'un ministère de l'économie et des finances de la zone, enfin la transformation du Mécanisme européen de Stabilité (qui a été créé lors de la crise de l'Euro) en Fonds monétaire européen.

Les propositions du président français

Audacieuses, ces propositions constituent une rupture avec les pratiques antérieures notamment la coordination d'un ensemble flou qui a alimenté les désillusions sur le projet européen. Dans ses propositions, le Président reprend l'idée d'une Europe à plusieurs vitesses, qui existe déjà dans plusieurs domaines. L'idée, par rapport au Livre blanc, est de donner davantage d'impulsions, de dégager une avant-garde de pays (en fait l'Allemagne et la France) avec l'idée d'entraîner les autres autour de plusieurs propositions concernant la gouvernance, la plus forte intégration, des actions sectorielles diverses (innovation, défense, développement durable). L'accent est mis sur le renforcement de la zone euro, la fiscalité commune, en même temps sur les futurs élargissements. Par contre, il contourne la question qui fait problème avec l'Allemagne : stabilité macroéconomique et réduction de la dette *vs.* Mutualisation de la dette.

Si le projet a reçu un accueil favorable dans plusieurs capitales, il reste à voir comment ces propositions, ainsi que celles contenues dans le Livre blanc vont être mises en musique en rassemblant le soutien des 27 pays membres.

Conclusion

Après l'échec (temporaire ?) des populismes, les propositions de la Commission européenne puis l'élection du nouveau président français et son plaidoyer *pro domo* en faveur de la construction d'une Europe plus fédéraliste, nous éloignent des scénarios 3 et 4. C'est donc autour des scénarios 1 et 2 que la réflexion des décideurs européens va se concentrer dans un premier temps et que vont émerger de nouveaux compromis et solutions pour redynamiser un projet porteur de croissance et de bien-être. Les blocages et oppositions diverses pour s'engager sur une trajectoire fédéraliste peuvent nous ramener au scénario 1 ou bien nous rapprocher du scénario 3. Il reste à savoir si les dirigeants européens auront la volonté d'imposer un nouveau cours à l'intégration et au renforcement de l'Union européenne.

Bibliographie

Artus Patrick, Marie-Paule Virard (2017) : *Euro. Par ici la sortie ?* Paris, Fayard

Berend , Ivan T. (1996): *Central and Eastern Europe, 1944-1993. Detour from the Periphery to the Periphery*, Cambridge, CUP

Coralie Delaume, David Cayla (2017): *La fin de l'Union européenne*, Paris, Michalon

Discours du Président de la République, Emmanuel Macron, à la Pnyx, Athènes le jeudi 7 septembre 2017, Elysee.fr

European Commission (2017): *White Paper on the future of Europe. Reflections and scenarios for the EU27 by 2025*, Brussels, EU

Glenny Misha (2012): *The Balkans. Nationalism, War and the Great Powers. 1802-2012*. Londres, Granta

Juncker Jean-Claude (2017) : *Discours sur l'état de l'Union 2017*, Bruxelles, Commission européenne, le 13 septembre 2017

Richet Xavier (2016) : "Regional Development and Intra-Firm Networks in the Enlarged European Union: the Role of Foreign Direct Investment", in Xavier Richet & Srdjan Redzepagic (2016): *Western Balkans Integrating in the EU: Challenges, Policies, Issues*, Nice, CEMAFI international

Richet Xavier (2017): "L'initiative Belt and Road" in *Recherches internationales*, août-septembre

Balkans in Europe Policy Advisory Group: (2014): *The Unfullfilled Promise. Completing the Balkan Enlargement* Centre for Southeast European Studies , University of Graz

The Balkans in Europe Policy Advisory Group (2017): *The Crisis of Democracy in the Western Balkans. Authoritarianism and EU Stabilitocracy*, Centre for Southeast European Studies, University of Graz

The Economist (2017): *The Future of the European Union*, Special Report, March 25th

Wolf Martin (2017): "Emmanuel Macron and the battle for the Eurozone" Financial Times 17/05/2017

Commission européenne (2017) : *Le livre blanc sur l'avenir de l'Europe. Cinq scénarios*, Bruxelles, Commission européenne

Table des matières

Introduction
Une Europe en crise, face à la mondialisation 7

La Tunisie notre frontière
Álvaro Vasconcelos 13

Le défi de la Politique de voisinage
Patrick Renauld 33

Nouveaux enjeux euromaghrébins et perspectives
Nadji Safir 45

Brexit : l'Union européenne et les trois dossiers-clés
de la négociation
Marie-Claude Esposito 63

Les opinions françaises face au dilemme européen
de la Grande-Bretagne
Christine Manigand 85

L'Europe et l'international
Gilles Gallet 101

La Russie et l'Union européenne.
Une relation nécessaire, mais non suffisante
Julien Vercueil 111

L'Europe et la Chine face aux dynamiques d'émergence
Guy Schulders 129

Les pays de l'Union européenne et le commerce extérieur
à l'heure de la sortie du Royaume-Uni
Jean-Paul Guichard 145

Le dumping social dans l'Union européenne
Dominique Redor 161

Post-Brexit, post-populisme :
quels scénarios pour l'Europe ?
Xavier Richet 179

L'HARMATTAN ITALIA
Via Degli Artisti 15; 10124 Torino
harmattan.italia@gmail.com

L'HARMATTAN HONGRIE
Könyvesbolt ; Kossuth L. u. 14-16
1053 Budapest

L'HARMATTAN KINSHASA
185, avenue Nyangwe
Commune de Lingwala
Kinshasa, R.D. Congo
(00243) 998697603 ou (00243) 999229662

L'HARMATTAN CONGO
67, av. E. P. Lumumba
Bât. – Congo Pharmacie (Bib. Nat.)
BP2874 Brazzaville
harmattan.congo@yahoo.fr

L'HARMATTAN GUINÉE
Almamya Rue KA 028, en face
du restaurant Le Cèdre
OKB agency BP 3470 Conakry
(00224) 657 20 85 08 / 664 28 91 96
harmattanguinee@yahoo.fr

L'HARMATTAN MALI
Rue 73, Porte 536, Niamakoro,
Cité Unicef, Bamako
Tél. 00 (223) 20205724 / +(223) 76378082
poudiougopaul@yahoo.fr
pp.harmattan@gmail.com

L'HARMATTAN CAMEROUN
TSINGA/FECAFOOT
BP 11486 Yaoundé
699198028/675441949
harmattancam@yahoo.com

L'HARMATTAN CÔTE D'IVOIRE
Résidence Karl / cité des arts
Abidjan-Cocody 03 BP 1588 Abidjan 03
(00225) 05 77 87 31
etien_nda@yahoo.fr

L'HARMATTAN BURKINA
Penou Achille Some
Ouagadougou
(+226) 70 26 88 27

L'HARMATTAN SÉNÉGAL
10 VDN en face Mermoz, après le pont de Fann
BP 45034 Dakar Fann
33 825 98 58 / 33 860 9858
senharmattan@gmail.com / senlibraire@gmail.com
www.harmattansenegal.com